KB212843

울보 선생의 **명품 인생**

울보 선생의
명품 인생

최관하 지음

피톤치드

아름다운 영향력을 미치는
명품 인생을 위하여

　청소년기에는 누구나 성장통을 겪는다. 성장통은 청소년들이 갑자기 자라면서 생기는 통증으로 신체적으로 특별한 이상은 없지만, 마음도 아프고 몸도 아프다. 성장통을 겪을 때는 너무나 고통스럽다. 하지만 알을 깨고 나와야 한다. 그래야 새가 될 수 있고 날아오를 수 있다. 날아오르기 위해서는 고통을 감수해야 한다. 그러나 그 고통 끝에는 아름다운 열매가 있다.

　성장통을 겪을 때 중요한 것은 무엇일까? 바로 누구를 만나느냐, 무엇을 만나느냐다. 좋은 스승과 부모, 친구와의 만남은 우리의 인생을 풍요롭게 할 것이다. 광범위한 독서를 통해 다양한 분야를 간접적으로 체험할 수 있고, 연극, 영화, 운동, 레저 등을 접함으로써 우리의 잠재력과 영감을 발견할 수도 있다. 이렇듯 좋은 만남을 통해 우리는 변화할 수 있고 성장할 수 있다. 청소년기는 완성기가 아니다. 그래서 다양한 경험 속에서 자기를 발견하고 분명한 방향성을 가지고 살아가는 노력이 필요하다.

그리고 청소년에게는 좋은 멘토가 있어야 한다. 멘토는 삶의 방향을 정할 때, 어려움 가운데 있을 때, 선택의 순간에 많은 도움을 준다. 나는 이 책이 그런 멘토 역할을 하기를 소망한다.

더 이상 스펙 쌓기에만 몰두하는 인생을 살지 마라. 진짜는 자기 안에 있다. 내가 명품이 되면 내 모든 것은 명품이 된다. 그래서 '명품 인생으로 살아가는 것'이 중요하다.

어떤 물건은 포장지는 너무 근사하지만 안에 든 제품은 실속이 없는 경우도 있다. 아무리 포장지가 좋아도 뜯는 순간 한낱 쓰레기에 불과하다. 그러나 자신이 명품이 되면 쓰레기 불과한 포장지도 명품이 된다. 그러므로 중요한 것은 내가 명품이 되는 것이다. 여러분은 포장지 인생이 아니라, 실속 있고 값진 진정한 명품 인생을 살았으면 좋겠다.

20여 년 동안 수많은 청소년을 만나왔다. 막을 수도 없고, 멈출 수도 없는 시간의 흐름 속에 어느덧 반백년을 살았다. 청소년들과 함께한다는 것은 크나큰 기쁨이다. 더욱이 청소년들에게 꿈과 비전을 심어주고, 현실에 발을 딛고 미래를 향해 나아가도록 격려할 수 있어서 그 기쁨은 더욱 더 각별하다.

이 책은 청소년들의 정체성, 재능, 영향력, 시간, 건강, 마음, 돈, 목표, 외모, 공부, 이성과 친구, 관계, 가정, 미래를 다루었다. 즉 명품 인생을 사는 방법에 대한 것이다. 이 책을 통해 어른들은 청소년들을 더욱 이해하고, 청소년들은 꿈을 찾고 이 시대에 선하고 아름다운 영향력을 미치는 명품 인생을 살기를 간절히 소망한다.

최관하

| 목차 |

01

정체성:

자기 자신 들여다보기

꿈을 밀고 가는 힘은 이성이 아니라 희망이며,
두뇌가 아니라 심장이다.
우리에게는 무한한 가능성이 있다.
그 가능성을 스스로 믿는 만큼 성공하고 행복해지는 것이다.

_도스토옙스키

〈TV 동물농장〉을 시청하다 보면 가끔 특이한 외형을 가진 동물이 등장한다. 그때 해설을 담당한 내레이터는 이렇게 말한다.

"넌 누구냐?"

이 질문을 나에게 한 적이 있다. 특히 사춘기 때, 나는 내가 누구인지를 알기 위해 무던히 애썼다. 이 질문에 대해 여러 대답이 나올 수 있다.

"제 이름은 ○○○입니다."

"저는 ○○○의 자식입니다."

자기 자신을 아는 것은 명품 인생을 살아가는 데 있어서 기본 진리요 방향이다. 그런데 자신에 대해서 알아가는 것은 쉽지 않다. 누가 나를 만들었고 만드신 분이 왜 나를 만들었는지를 알 때, 나에 대해서, 내가 누구인지에 대해서 알 수 있다. 우리는 자신에 대해 분명히 알아야 한다.

나에게 쓰는 편지

수업을 마치고 아이들에게 '나에게 쓰는 편지'라는 제목으로 글을 쓰게 한 적이 있다. 자기 자신을 객관적으로 다른 위치에서 바라보면서, 다시 한 번 점검해 보라는 의미로 실시한 것이다.

남학생 여학생 할 것 없이 글쓰기를 별로 안 좋아할 것이라는 선입견이 있지만, 뜻밖에 아이들은 싫어하거나 장난으로 쓰지 않는다.

'나에게 쓰는 편지'를 쓰면서 "나는 누구인가?"라는 본질적 물음에 대해 생각하는 아이들. 그리고 "나는 왜 이 세상에 있는가?" "나는 무엇을 위해 살아가야 하는가?"라는 물음을 가슴에 품고 살아가는 것은 어른들만의 문제는 아닌 듯하다.

오히려 우리 청소년들이 미래에 대해서, 앞날에 대해서 어른들보다 더 많은 고민을 끌어안고 사는 것 같다. 또한 자신의 미래에 대해 진지하게 생각한다는 것도 알 수 있다. 그 생각이 어른들 수준에 미치지 못할 수도 있고, 어리석어 보이고 황당할 수도 있지만 아이들은 자신에 대해, 자신의 미래에 대해 끊임없이 고민하고 있다.

고등학교 3학년 남학생이 학급 모둠일기에 '나로부터 나에게'라는 제목의 글을 썼다.

나는 어디에서 왔는지, 그리고 어디로 가는지도 모르겠다. 그래서 내가 우리 반 모둠장이 되었을 때 모둠 이름을 '깨달음 모둠'이라고 하자고 했다. 진심으로 나는 알고 싶다. 내가 누구인지, 어디에서 왔는지, 이 세상에 왜 살고 있는지, 그리고 죽은 후에는 어떻게 되는지…….

"나로부터 나에게."

이 물음은 고등학생이라는 신분과 나이에 비해 조숙한 듯하다. 그렇다고 이 학생이 특정한 종교에 심취해 있는 것도 아니다. 다만, 인생의 문제는 절대 자기 스스로 쉽게 풀 수 없다는 것이다. 깊은 고민과 상념, 묵상 속에서 자기가 누구인지를 찾고 그 깨달음의 해답을 얻었을 때, '나는 누구이며, 내가 왜 이 세상에 있으며, 나중에 어떻게 되는지'를 알게 되는 것이다.

이 물음에 여학생들은 남학생들보다 더 예민하게 반응했다. 카카오톡, 메신저, 쪽지와 문자, 비밀일기 등에 남겨진 글을 보면 같은 문제에 대해서도 여학생들은 그 섬세한 심리와 미묘한 감정의 반응 정도가 더 강하다. 남학생이든 여학생이든 간에 자신의 정체성을 찾아가는 의미에서 볼 때, 이것은 걱정이나 염려할 만한 성질의 것은 아니다. 아픈 만큼 성숙해지듯이 청소년기의 고통은 성장으로 이어지기 때문이다.

"나는 누구인가?"라는 자기 정체성의 확립은 매우 중요하다. 우리가 흔히 4대 성인이라고 하는 공자, 소크라테스, 석가, 하나님의 아들로 일컬어지는 예수는 자기 자신이 누구인지를 알기 원했고 깨달았다. 그리고 어떤 삶을 살아야 하는지를 명확히 인식하고 살았던 분들이다. 위대한 인물일수록 정체성 찾는 일을 매우 중요시 여겼다는 것을 알 수 있다.

사랑하고 사랑하라

청소년들이여, 어떤 상황에서도 희망을 잃지 말자. 그 희망은 바로 자기 자신이다. 내 마음속에 있는 희망의 활화산이 폭발할 때, 승리하는 삶을 살 수 있다. 자기 자신을 사랑할 줄 아는 사람이 세상도 사랑할 수 있다. 자기 자신을 아는 사람이 세상을 알 수 있고 다양한 눈으로 볼 수 있다. 먼저 자기 자신을 찾고, 격려하고, 단련하고, 인내하며 사랑하는 것이 우리가 살아야 할 삶이다.

청소년에게는 특별한 것이 있다. 그것은 밟히고 짓눌려도 다시 살아나는 지초(芝草)처럼 삶에 대한 희망과 열정이 매우 뜨겁다는 것이다. 희망은 그대들의 손에 있으며 그대들의 가슴에서 불타고 있다. 가슴 깊이 숨겨져 있는 희망을 끄집어내기 바란다. 절대로 사장(死藏)시키지 마라. 그대들의 삶이 희망으로 가득할 때 그대들은 승리할 것이다. 이렇게 외쳐보자.

"나는 희망 덩어리다."

매일 큐티하기

　수년 전 담임을 맡았던 아이들은 유난히 재능들이 많았다. 인문, 사회, 법, 문학, 음악, 미술, 체육, 그리고 요리, 마술 등 다방면에 재능이 있었다.

　재능 많은 아이들이 모이다보니, 어느 학급보다 환경 미화를 잘 했다. 생일 달력과 모둠 편성표, 입시 자료 칸을 멋지게 구성했다. 그리고 여러 게시판 가운데 '선생님 칸'을 하나 만들었다. '선생님 칸'에는 내가 아이들에게 해주고 싶은 말이나 글, 혹은 좋은 자료들을 붙이는 공간으로 사용되었다.

　한 출판사에서 나온 《수험생을 위한 100일 큐티》의 내용을 아이들이 눈여겨 읽기를 바라는 마음으로 매일 붙여 놓았다. 좋은 말씀과 교훈, 격언을 중심으로 한 예화는 아이들에게 평안과 위로와 격려를 준다는 확신에서였다. 아이들은 붙여 놓은 자료들을 기쁘게 읽어 주었다. 내가 붙여 놓은 자료들을 읽고 너무 좋다고 복사해 달라는 아이들도 있었다.

　3월 하순 무렵, 조회 시간에 아이들에게 물었다.

　"애들아, 너희들 '큐티'라고 들어봤니?"

　의외로 많은 아이들이 "네" 하고 힘차게 대답했다.

　"그래, 큐티는 'Quiet Time'이라고 하는데 우리 함께 큐티 하

정체성 : 자기 자신 들여다보기

면 어떨까. 선생님이 뒤에 붙여 놓은 글을 읽고 묵상하면서 하루를 시작하는 거야. 얘들아, 어떠니?"

아이들은 손뼉을 치며 좋아했다.

다음 날부터 우리 반에서는 큐티가 시작되었다. 이날은 내 생일이기도 했다. 나는 '학급 큐티 시작'이라는 너무나 큰 생일 선물을 받은 기분이었다. 아침 큐티를 즐겁게 잘 마쳤다. 쉬는 시간에 몇 명의 아이들에게 개별적으로 물어보았다.

"부연아, 아침에 큐티하는 것 어때?

부연이는 활짝 웃으며 말했다.

"선생님, 너무 좋아요. 마음도 편안하고 수업에 집중도 잘 되는 것 같아요."

청소년들은 즉각적이고 즉흥적일 때가 많다. 그래서 인내가 부족하고 깊게 생각하려 하지 않는다. "하루의 시작은 아침에, 한 달의 시작은 첫날에, 한 해의 시작은 정월 초하루에 한다"는 말이 있다. 매일 아침 큐티로 하루를 시작하는 것은 자신의 마음을 가다듬을 수 있을 뿐만 아니라, 하루의 계획도 세울 수 있고, 수업 집중도도 높이고, 아이들에게 힘과 용기를 북돋워 주는 등 긍정적인 효과가 있다.

가능한 큐티를 일찍 생활화했으면 좋겠다. 계획성 있는 사람이 성공할 확률도 그만큼 높다. 무작정 발길 닿는 대로 움직이고 생각나는 대로 행동하는 것은 바람직하지 않다. 청소년 때의 큐티는 인생을 계획하고 미래를 준비하는 데 좋은 도구요, 아름다운 인생의 든든한 길잡이가 되어줄 것이다. 지금 바로 큐티를 시작하기 바란다.

매일 일기 쓰기

일기는 자기만의 역사를 기록하는 공간으로 삶의 여정을 기록하고, 평가하고 정리하는 곳이다. 자기를 돌아보고 자신을 찾아가는 과정에서 일기는 청소년들에게 많은 도움을 줄 것이다.

초등학교 때, 학교에서는 일기 쓰기를 숙제로 내주었다. 당시에는 특별하고 별다른 일이 많지는 않았지만, 숙제는 해야 한다는 의무감으로 열심히 썼다. 내 일기는 선생님에 의해 일기를 쓰기 싫어하는 학급 친구들에게 공개되기도 했다.

지금 생각해 보면, 일기 쓰기는 단순히 글쓰기 연습을 위한 것이 아닌 것 같다. 자기 자신을 알아 가고 자신에 대해 끊임없이 성찰하며 꿈을 키워나가는 길을 제시해 준 것이라는 생각이 든다.

나의 일기 쓰기는 중·고등학생, 대학생이 되어서도 계속되었고, 그동안 쓴 수십 권의 일기장은 소중한 보물이 되었다. 일기장에는 살아온 나의 흔적이 고스란히 담겨져 있고, 그동안 만났던 사람들에 대한 그리움이 녹아 있다.

　이 글을 읽는 여러분도 일기 쓰는 습관을 갖기 바란다. 삶의 연륜이 쌓여갈 때마다, 자신을 성장시킨 원동력이 되었던 흔적들이 쌓여갈 것이다. 그 즐거운 작업을 기쁘게 권한다.

자신을 알아가는 방법

1. 사랑하라.

우리는 무엇보다 자신을 알아야 하고 사랑해야 한다. 자신을 알아가는 것은 세상을 발견하는 것보다 훨씬 중요한 일이다. 자신을 알고 사랑할 때 앞으로 나아갈 길을 살필 수 있다.

2. 묵상하라.

요즘 청소년들은 자신의 머릿속에 산만하게 떠오르는 수많은 생각(잡념)에 대해 의식하지 않는다. 그 생각들이 자신의 삶을 복잡하게 만드는데도 말이다. 묵상은 우리에게 새로운 힘이 되고 무엇이 중요한지 알 수 있게 해주는 마음의 양식이다. 또한 묵상을 통해 수많은 생각을 정리할 수 있다.

3. 일기를 써라.

일기는 자신만의 공간이며 자기만의 역사를 기록할 수 있다. 하루를 정리하고 '오늘'이 얼마나 특별하고 좋은 날인지 알게 해줄 것이다. 일기를 쓰면서 생각하게 되고, 생각하면서 의미를 발견하게 될 것이다. 그리고 생각은 깊어질 것이다.

02

재능:

없는 것이 아니라 발견하지 못한 것이다

이 세상에서 결코 용납할 수 없는 것이 하나 있다.
그것은 평범이다.
우리가 자기 계발을 하지 않아 평범해진다면 그것은 죄악이다.
사명으로 움직이는 사람들은 평범해질 틈이 없다.

_마사 그레이엄(현대 무용의 개척자이며 역사가)

인생의 방향을 잡는 데 중요한 것이 있다. '내가 어디에서 왔으며 의미 있는 인생을 살고 있는가'다. 즉 올바른 삶의 가치관을 정립하는 것이 그 무엇보다 중요하다. 어떤 가치관을 가지고 살아갈 것인가에 대해 한 번쯤 고민하지 않은 청소년은 없을 것이다. 인생의 가치관을 정립하기 위해 선행되어야 할 것이 있다. 내가 어떻게 이 세상에 태어났는지, 나를 만든 분은 나에게 무슨 뜻이 있는지에 대해 깊이 생각해 보는 것이다.

토기장이는 진흙을 빚어 도자기와 같은 그릇을 만드는 사람이다. 토기장이가 마음을 쏟아 정성스레 빚은 그릇의 주인은 당연히 토기장이다. 완성된 그릇에 대해 가장 잘 아는 이도 토기장이고, 그릇의 용도를 잘 아는 이도 역시 토기장이다.

우리는 모두 토기장이의 손에서 만들어진 그릇이라고 할 수 있다. 토기장이가 만들었기 때문에 우리가 어떻게 살아야 하는지도 그가 가장 잘 알고 있다. 우리는 결코 토기장이보다 우리 자신을 더 잘 알 수는 없다.

이러한 접근은 깊은 생각을 하게 하고, 깊은 생각을 통해 우리는 조금씩 성장해 간다. 또한 자신의 정체성을 발견하는 순간, 급속도로 성장할 것이다. 나의 본질을 발견하고, 나의 위치를 알고, 이 세상에 살면서 해야 할 부여받은 임무를 인식하고 노력할 줄 아는 것이 승리하는 삶이요, 자신의 인생을 주체적으로 살아

재능 : 없는 것이 아니라 발견하지 못한 것이다

가는 삶이다.

재능 찾기

지금 이 순간 가장 사랑하는 일, 지금 이 순간 가장 열심히 하고 있는 일이 내 재능이고 내 적성이다. 재능은 사람을 빛나게 해주는 힘이 있다. 그래서 재능은 소중한 삶의 자산이고 반드시 계발해야 할 빛나는 인생의 보석이다.

수년 전 담임을 맡았던 아이들과 학기 초 1박 수련회를 하였다. 주된 목적은 서로를 알고 이해하면서 멋진 학교생활을 하자는 것이고, '명품 인생을 위하여'라는 급훈대로, 우리 스스로 행할 결심을 하고 노력하자는 의미로 계획한 수련회였다.

다양한 프로그램을 준비했지만, 특별히 신경 쓴 부분은 나에게 있는 재능이나 능력을 한 가지 이상 적고, 그것을 통해 나중에 이루고자 하는 것이 무엇인지를 생각해 보는 것이었다. 참여하는 아이들의 표정은 자못 진지했고, 나누어준 종이에 정성스럽게 쓰고 있었다. 어떤 아이들은 생각하지 못한 자신의 재능을 떠올려 보고 즐거워했고, 발견한 재능에 의아해하며 놀라기도 했다.

다 쓴 후 한 사람씩 앞으로 나와 발표를 했다. 아이들은 서로의 재능을 확인하며 좋아하고 기뻐했다. 발표하기를 쑥스러워하거나, 자기 자신에게서 재능을 찾을 수 없다는 아이들은 친구들이 그 아이에게서 발견한 재능을 말해 주도록 했다.

우리는 자신에게 있는 재능을 쉽게 찾지 못할 수도 있다. 자신이 무엇을 잘 할 수 있는지, 무엇에 관심이 있는지에 대해 아는 것은 쉽지 않기 때문이다. 그러나 다행인 것은 다른 이들의 눈에는 그 재능이 보일 수도 있다는 것이다. 친구들의 눈에 의해 발견된 자신의 재능을 들으며 아이들은 얼굴을 붉히기도 했고 즐거워했다.

자신의 재능과 재능을 통해 하고 싶은 것을 쓴 아이들의 고백이다.

미식가인 저는 맛있는 요리를 만들어서 사람들에게 행복을 주는 유명한 요리사가 되고 싶어요. _재욱

저는 어려운 사람들을 돌보는 데 관심이 많아요. 그들을 도와주고 섬겨주는 사회복지사가 되고 싶어요. _재기

활발한 성격과 리더십을 발휘해서 사람들을 올바른 방향으로

재능 : 없는 것이 아니라 발견하지 못한 것이다

이끌고, 원만한 대인관계를 만들어 갈 거예요. _동건

몽상적인 창의력을 계발해서 보통 사람은 생각할 수 없는 독특한 생각으로 일상을 창조적으로 살고 싶어요. _준모

좋은 기업을 운영해서 사람들을 배려하고 행복하게 해주고 싶어요. _성택

풍부한 상상력으로 유명한 판타지 소설 작가가 되고 싶어요. _승민

춤추는 재능을 잘 살려 스트레스에 찌들어 사는 사람들에게 춤을 가르쳐 스트레스를 한 방에 날려 버리게 하겠어요. _현우

재능, 빛나는 인생의 보석

누구에게나 한 가지 이상의 특별한 재능과 소질은 있다. 성공은 재능이 있느냐 없느냐로 결정되는 것이 아니라, 재능을 발견하느냐 못하느냐, 사용하느냐 사용하지 못하느냐에 있다.

달리기를 잘하는 사람도 있고, 못하는 사람도 있다. 목소리가 큰 사람도 있고, 작은 사람도 있다. 춤을 잘 추는 사람이 있는가 하면 아무리 연습해도 어색한 몸치도 있다. 또한 고음 불가처럼 노래할 때 음을 다스리지 못하는 사람도 있다.

열 과목 중에 아홉 과목을 못하고 수학만 잘한다면 그 아이는 평균적으로 공부를 못하는 것이 아니라, 수학에 특별한 재능이 있는 것이다. 우리는 못하는 것에 치중하고 연연해하면 안 된다. 잘하는 것에 집중할 때 성장하고 그 결과는 기대 이상이다. 그래서 아이들의 성적을 평균으로 내는 것은, 참고는 될지 모르지만 개인의 능력에 대한 바른 잣대는 될 수 없다.

청소년들이여! 여러분은 의기소침할 필요가 없다. 좀 더 당당하게 나아가기 바란다. 누구에게나 한 가지 이상의 장점과 재능은 있다. 그 재능을 찾아서 잘 활용하는 것이 인생행로를 개척해 나가는 좋은 방법이다. 다만 염두에 두어야 할 것은 자신의 재능을 찾고 계발하고 발전시키고자 하는 열정과 노력은 지속적으로 해야 한다는 것이다.

청소년들이여! 나에게 없는 것에 연연해하지 말고 나에게 있는 한 가지를 계발하라. 세상을 움켜쥘 수 있는 방법은 나만이 가진 독특한 능력으로 이루어지는 것들이 많다. 그러므로 절대로 희망을 잃지 말아야 한다.

재능 : 없는 것이 아니라 발견하지 못한 것이다

100가지 중에 99가지를 못할지라도 자신에게 있는 특별한 한 가지 재능을 발견하고 잘 가꾸고 키워서 자신의 삶과 세상에 활짝 피어나가기를 소망한다.

재능을 찾는 방법

1. 다양한 경험을 하라.

할 수 있으면 많은 경험을 해보기 권한다. 공부할 시간도 부족하다는 거 안다. 하지만 시간을 내서라도 아르바이트나 봉사활동을 해보라. 해본 사람은 자기에게 어떤 재능이 있는지 발견할 가능성도 그만큼 크다.

2. 다양한 분야의 책을 읽어라.

광범위한 독서를 통해 다양한 분야를 간접적으로 체험해 보라. 그리고 문화나 예술 등을 통해 내재된 영감을 일깨우는 것도 재능을 찾는 좋은 방법이다.

3. 여행을 하라.

낯선 환경과 문화는 긴장감을 주고 호기심과 자극을 선물해 준다. 그리고 여행하다 보면 다양한 사람들을 만날 수 있다. 그들과의 대화를 통해, 그들이 살아온 삶을 통해 나의 재능을 가늠해 볼 수도 있을 것이다.

03

영향력:

어떻게 살 것인가

할 수 있는 일이 단지 조금밖에 없다는 이유로
아무것도 하지 않는 것보다 큰 실수는 없다.
_에드먼드 버크(아일랜드 정치가)

지금까지 '정체성'과 '재능'에 대해서 생각해 보았다. 이 과정을 통해 정체성을 찾고 재능을 발견했다면, 이제는 이것을 가지고 구체적으로 어떻게 살아야 할지를 생각해야 한다.

세상에 영향력을 미치는 삶은 두 가지가 있다. 바로 선한 영향과 악한 영향을 미치는 삶이다.

가수 션과 정혜영 부부, 가수 김장훈, 탤런트 차인표와 신애라 부부처럼 국내외의 어렵고 힘들게 사는 사람들을 찾아다니며 구호 활동을 펼치는 것은 선한 영향력을 미친 것이다. 그러나 어렸을 때는 순수한 신앙인이었던 히틀러가 청장년기를 지내면서 살인마로 변해 유태인을 학살한 것은 악한 영향력을 미친 것이다.

누구에게나 한 가지 이상의 재능은 있다. 그 재능을 발견하는 것도 중요하지만 그것을 귀하게 잘 사용하는 것은 더 중요하다. 그렇지 않으면 그 재능으로 이웃과 세상에 해를 입히게 될 것이고, 생명까지 빼앗을 수 있기 때문이다.

우리의 지식과 재능을 머리와 손에만 움켜쥐고 있어서는 안된다. 삶 속에서 선하게 사용되는 재능이어야 하고, 이론이 아닌 실제적인 지혜여야 한다는 데 그 중요성이 있다.

영향력 : 어떻게 살 것인가

지혜로운 리더

한 슬기로운 학생의 이야기를 하려고 한다. 만약 여러분이 이 학생이라면 어떻게 행동했을 것인지에 대해 생각해 보는 것도 좋겠다.

이 학생은 산악 극기 훈련 팀의 조장이다. 7, 8명으로 구성된 팀을 이끌고 주어진 지도만을 이용해서 산 정상에 올라갔다가 반대 방향으로 내려오는 임무를 맡았다.

팀이 정상에 거의 올라갔을 때 예상치 못한 사고가 생겼다. 일기예보에도 없었던 비가 갑자기 쏟아지기 시작한 것이다. 날은 어두워졌고 금방이라도 물에 휩쓸릴 것 같은 위험이 느껴졌다. 조원들은 웅성거렸고 어찌할 바를 몰랐다. 급기야 울음을 터뜨리는 조원도 있었다.

'조원들이 흩어져서는 안 된다. 무작정 내려갈 수도 없다. 그렇다고 주저앉아 있을 수도 없다.' 조장은 이런 생각을 하며 어떻게 해야 할지 몰랐지만 이내 어떤 결심을 했다. 조원들을 한 자리에 모은 후 큰 소리로 말했다.

"지금부터 내 말에 무조건 복종해. 그렇지 않으면 모두 죽게 될 거야."

조장은 조원들에게 허리띠를 풀라고 했다. 그리고 허리띠를 길게 이었다. 서로 등을 기대게 한 후에 조원들을 허리띠로 크게 묶고 허리띠 한 개는 자신의 손에 들었다.

한 치 앞도 분간할 수 없는 칠흑 같은 어둠 속에서 비는 계속 내리고 있었다. 조장은 조원들에게 큰 소리로 노래를 부르라고 했다. 조원들은 영문도 모른 채 노래를 부르기 시작했다. 한 시간 이상 목이 터져라 노래를 해도 상황은 변하지 않았다. 불안감만 깊어질 뿐이었다. 목이 쉬어서 더 이상 노래를 부르기도 어려웠다. 춥고 졸음마저 엄습했다. 지쳐 쓰러지는 조원도 있었다. 조장은 허리띠를 움켜쥐며 외쳤다.

"노래를 하란 말이야, 노래를 해. 노래를 안 하면 우린 죽어."

그리고 허리띠로 조는 조원을 내리쳤다. 산 아래에서 아이들을 기다리고 있던 어른들은 사고가 난 것을 직감하고 경찰과 119 구조대와 함께 아이들을 찾아 나섰다. 몇 시간을 헤맨 끝에 비바람 속에서 어디선가 희미하게 노랫소리가 들려왔다. 그 노랫소리를 찾아 갔더니, 비에 흠뻑 젖은 아이들이 서로의 몸을 하나로 묶고 주저앉아서 큰 소리로 노래를 부르고 있고, 조장은 허리띠를 휘두르고 있었다. 말로 표현할 수 없는 진풍경이었다. 구조대를 발견한 조장은 이내 그 자리에 쓰러지고 말았다.

영향력 : 어떻게 살 것인가

지혜력

위의 조장 학생은 위급한 상황에서 조원들을 지킬 수 있었다. 그것은 바로 지식을 넘어선 지혜가 있었기 때문이다. 우리의 삶에는 늘 어려운 문제와 위기 상황, 예상치 못한 일들이 도사리고 있다.

학교에 다니는 청소년들도 공부 이외에 얼마나 많은 문제를 끌어안고 있는가. 가정 문제, 이성 문제뿐 아니라 진로와 건강, 그밖의 크고 작은 문제들이 일어나고 접하게 되는 것이 우리의 삶이며 현실이다. 이런 문제들을 피할 생각만 한다면 퇴보하거나, 끌려 다니거나 시대의 조류에 편승한 인생을 살게 될 것이다.

프랑스의 시인이자 사상가인 폴 발레리(Paul Valery)의 말은 가슴에 새길 만하다.

"용기를 내어서 그대가 생각하는 대로 살지 않으면 머지않아 그대는 사는 대로 생각하게 될 것이다."

우리는 문제를 즐길 줄 알아야 한다. 문제가 생기면 먼저 문제의 원인이 무엇인지를 분석할 줄 아는 지혜가 필요하다. 성급하게 움직이거나 허둥지둥하면 아무것도 해결할 수 없다. 급할수록 돌아가라는 말처럼 침묵과 기다림의 지혜가 필요하다. 위의 조장도 그런 경우다. 조난 당했을 때, 당황하는 조원들 사이에서 문제를 인식하고 해결점을 찾는 데 방향을 맞춘 것이다. 한 사람의 지혜가 다른 사람들을 구할 수 있다는 것을 이 이야기를 통해 잘 알 수 있다.

지식(知識)의 사전적 의미는 '배우거나 연구하여 알고 있는 내용'이다. 반면에 지혜(智慧)는 '사물의 도리나 선악 따위를 잘 분별하는 마음의 작용'이다. 지식은 우리가 아는 내용이고, 지혜는 필요할 때마다 사용할 수 있는 분별력과 판단력이다.

청소년은 당연히 주어진 상황에서 최선을 다하고 열심히 공부해야 한다. 공부의 방향과 목표를 분명히 설정하고 최선을 다하며 나아갈 때, 무엇보다 먼저 지혜를 구해야 한다. 세상을 살아갈 때 지식보다 더 중요한 것은 지혜이기 때문이다.

지식을 많이 쌓아라. 그러나 지혜를 더 구하라. 머리를 무겁게 만드는 죽은 지식이 아니라, 무거운 세상을 가볍게 만들어가는 지혜의 사람이 되기를 꿈꾸어라.

삶은 투쟁이다

어느 학생이 쓴 일기 중 한 부분이다.

완전한 삶은 없는 것 같다. 모든 것은 불완전에서 시작되며 완전을 추구하는 과정에서 비로소 자신이 원하는 것을 발견하게 된다.

뚝 떨어진 거리에서 손짓하면 보일 것도 같지만 현실은 어색한 우리의 손놀림을 그냥 놔두지 않는다.

나는 보잘것없는 한 인간이다. 때로는 실수도 하고, 눈물도 흘리고 낄낄대기도 한다.

나는 젊음을 사랑한다. 젊음 속에서 행해진 모든 일은 설령 실수투성이라 할지라도 가치가 있다고 생각한다.

청소년의 비행(非行)과 세상을 놀라게 하는 황당한 일들. 우리는 젊다. 인생의 과도기에서 방황하고 때로는 세상을 바꾸기도 한다. 그때 우리는 성장한다.

깊은 사색과 방황 속에서 인간은 자신을 알려고 노력한다.

나와 너, 우리 앞에는 길이 있다. 가다가 지치고 쓰러질지라도 우리는 나아가야만 한다.

삶은 투쟁이다. 자기와 싸워야 하는 고독한 투쟁이다. 우리 앞에는 시간이 줄달음질치고 있다.

판단력과 분별력

우리가 배우고 익혀야 할 것은 올바른 판단력이다. 사리를 분별한 후 취사선택(取捨選擇)할 줄 아는 판단력이 필요하다. 잘못된 것인 줄 알면서도 자신의 이익을 위해 밀고 나가는 것은 잘못된 판단에 기인한 것이므로, 좋지 않은 결과를 초래할 것은 뻔하다. 하지만 올바른 판단과 실천은 좋은 결실이 되어 많은 열매가 있을 것이다.

자신이 속한 공동체를 둘러보라. 그 안에 어떤 문제가 있는가, 그 어떤 문제에 끌려 다니고 있지는 않은가? 문제를 정확하게 인식하고 분별해서 해결점을 찾고 있는가? 많은 지식을 쌓는 것도 중요하지만 우리는 지혜로워야 한다. 그리고 그 지혜를 올바르게 사용할 줄 알아야 한다.

가치 있는 사람이 되는 방법

1. 지혜로워라.

   지식은 머리를 살찌우지만, 지혜는 삶의 문제를 해결해 준다. 솔로몬이 구했던 그 지혜를 구하며, 인생을 지혜롭게 살아가자.

2. 삶에 의미를 부여해라.

   우리의 인생은 한 번 살다가 이 세상을 떠나면 끝나는 무의미한 것이 아니라, 한 알의 썩어지는 밀알처럼, 세상에 녹아져 맛을 내는 소금처럼 살아도 죽어도 아름다운 맛을 내는 인생이다.

3. 판단력과 분별력을 길러라.

   지혜로운 순발력이 필요한 때다. 열심히 노력하고 최선을 다하는 삶 속에서 순간순간 일어나는 문젯거리에 휘둘리지 말고 그것을 올바로 인식할 수 있는 판단력과 분별력을 길러야 한다.

04
시간:

자기 관리의 핵심

단 하루의 시간이라도 제대로 알고
사용할 줄 아는 사람에게는 무한대의 시간이다.

_괴테

시간 관리는 인생 관리

시간 관리는 인생 관리다. 시간 관리는 어떻게 살아야 할지, 무엇을 하며 살아야 하는지에 대한 목표 의식이 분명할 때 가능하다. 또한 시간 관리는 자기 관리의 핵심이다. 지혜로운 시간 관리로 낭비되는 시간을 줄이고, 느슨해지는 자신을 통제할 수 있으므로 '시간 관리는 자기 관리'이기도 하다. 그러므로 현명하고 결단력 있게 시간을 관리하는 습관이 필요하다.

하루 24시간은 누구에게나 공평하게 주어져 있다. 다만 그 시간을 어떻게 효율적으로 사용하느냐에 따라 큰 차이가 난다. 원하는 목표와 꿈을 이루기 위해서는 시간 활용을 잘하는 지혜가 필요하다. 이 세상에 시간이 충분한 사람은 아무도 없다. 시간은 항상 부족한 법이다. 그래서 주어진 시간을 얼마나 잘 활용하느냐가 무엇보다 중요하다.

시간 관리의 어려움

청소년들이 가장 자신 없어 하고 관리하기 힘든 부분이 바로 시간 관리다. 강북구 Y고등학교 남녀 학생 400명을 대상으로 한 설문조사에서 다음과 같은 결과가 나왔다.

'관리하기 가장 어려운 부분은 무엇인가?'라는 질문에, 181명이 시간 관리의 어려움을 꼽았다. 그리고 102명이 목표 관리를, 51명이 인간관계의 어려움이라고 응답했다.

시간 관리가 어려운 이유에 대해서는 '시간을 잘 배분할 수가 없다, 미리 계산하고 행동하기가 어렵다. 공부 시간과 노는 시간의 분리 문제, 불규칙한 생활, 할 것은 많은데 시간이 없다' 등의 의견이 있었다.

청소년의 대부분의 생활은 학교와 학원, 가정에서 이루어진다. 그래서 계획을 세우는 데 자신의 의지로 하기가 어려운 부분이 있다. 짜여진 생활 속에서 항상 시간에 쫓기고, 계획은 쉽게 무산된다. 더욱이 청소년기에는 친구나 이성과의 만남도 시간에 쫓겨 좋은 관계를 형성하기도 어렵다. 위 설문조사를 통해 우리 청소년들이 얼마나 분주하고 힘들게 살아가고 있는지를 충분히 짐작할 수 있다.

아침 6시 기상, 씻고 대충 아침밥을 먹고 집에서 나오면 7시 10분, 버스나 지하철을 타고 죽어라 달려 8시 전에 교실에 골

인, 의자에 앉자마자 졸면서 하루를 시작, 7교시 마치면 오후 4시, 급히 저녁식사를 하고 독서실에 가거나, 밤 10시까지 야간자율학습, 집으로 돌아와서 새벽 2시까지 공부하고 쓰러져 잔다. _고3, 영민

이 사례는 비단 특정 학생에게만 적용되는 것은 아니다. 우리나라의 청소년이라면 특히 대학 입시 수험생이라면 누구나 겪는 현실이다. 안타깝게도 시간을 잘 조절해서 사용해야 하는데, 시간에 끌려 다니는 모습이다.

미국의 시간 관리 전문가인 마이클 포티노가 시간에 대해서 조사한 내용이다. 그는 미국 전역에 걸쳐 수백 명을 대상으로 시간 사용 행태에 대해 일 년 동안 조사했다. 조사 결과에 의하면, 미국인들이 평균 70세를 산다고 가정할 때, 먹는 데 6년, 줄서는 데 5년, 하루 8시간을 잔다고 가정할 때 23년, 신호등 대기 6개월, 물건 찾는 데 1년, 집안일하는 데 4년을 보낸다고 한다.

먹고, 자고, 줄 서서 기다리는 시간을 모두 합하면 무려 43년이나 되며, 하루 24시간 중 활용할 수 있는 시간은 9시간 정도가 된다는 것이다.

한국 사람들의 생활도 큰 차이는 없을 것 같다. 우리가 하루 동안 사용할 수 있는 시간은 24시간이 아니다. 자신의 의지를 가

지고 활용할 수 있는 시간은 얼마나 되는가? 혹시 그 시간을 헛되이 보내고 있지는 않은가?

효율적인 시간 관리

시간을 효율적으로 사용하려면 결심해야 할 것들이 몇 가지 있다.

첫째, 우선순위를 정하라.

우리의 삶은 순간순간이 선택이다. 컴퓨터를 할 것인가, 공부를 할 것인가, 잠을 더 잘 것인가, 도서관에 갈 것인가, 주일에 친구를 만날 것인가, 교회에 갈 것인가 등 인생은 선택의 연속이라고 해도 과언이 아니다. 선택을 잘못하면 낭패를 볼 수도 있다. 우리는 무엇인가를 선택할 때 지혜로워야 하고, 우선순위를 삶의 기준으로 삼아야 한다. 우선순위를 잘 정해야 생활의 질서가 잡힌다.

우선순위를 정하는 구체적인 방법은, 그날 해야 할 일들을 떠오르는 대로 적는다. 그리고 매우 중요한 일, 중요한 일, 덜 중요한 일의 순서로 다시 정리한다. 1순위 일이 끝나기 전에는 절대

다른 일을 하지 마라. 그 일을 제대로 끝낸 후에 다음 일을 하는 것이 좋다.

둘째, 우선순위의 내용을 구체적으로 기록하라.

모든 일에는 우선순위가 있다. 아침에 일어나 하루를 시작하기 전에 단 5분이라도 오늘 할 일에 대해 생각하고, 일의 순서를 정하기만 해도 상당한 변화가 있을 것이다. 그러나 더 중요한 일이 생기면 그것을 먼저 해야 한다. 중요한 것을 먼저 하다보면 다른 일들이 줄어들면서 시간적 여유가 생긴다.

공부도 마찬가지다. 예를 들어 저녁식사 후 자율학습 시간이 4시간 정도라면, 어떤 과목을 먼저 할 것인지에 대한 순서와 각각의 과목에 투자할 시간을 정하는 것이다.

셋째, 구체적인 목표를 세워라.

추상적이고 막연한 것이 아니라 실제적이고 실행 가능한 목표를 세워라. 그렇게 해야 시간 조절이 쉽고 시간을 잘 활용할 수 있다. 목표는 공부에 집중하고 열정을 쏟을 수 있는 효과가 있다.

넷째, 공부 시간과 휴식 시간을 조절하라.

공부가 잘 된다고 쉬지 않고 하기 보다는 1시간에 10~15분 정도 쉬는 형태로 계획하는 것이 효율적이다. 쉴 새 없이 돌리는 기계는 고장 나기 쉬운 법이다.

이외에도 컴퓨터 게임이나 웹툰에 빠지지 않기, 스마트폰에 빠지지 않기, 계획성 있고 준비성 있는 생활하기, 한 시간 일찍 일어나기, 자투리 시간 활용하기, 마음의 여유 갖기, 가족이나 친구들에게 자신의 계획을 알려서 도움 요청하기 등이다.

계획을 잘 세우자

좋은 계획은 시간을 절약해 준다. 계획을 잘 세우면 시간 효율성이 높아지지만, 계획이 없으면 시간을 낭비하게 되고, 하루를 규모 없이 사는 악순환이 반복될 수밖에 없다. 아무리 바빠도 계획하고 점검하는 자기만의 시간을 가져야 한다.

다니엘 후취의 글을 읽어보자.

깊이 생각하는 것은 가장 위대한 시간 절약 행위다. 새 날이 시작

될 때 몇 분 동안 오늘의 일에 대해 주의 깊게 생각하는 것은, 그날을 짜증내지 않고 큰 낭비 없이 보내는 유일한 방법이다. 중요한 것, 시시한 것, 편리한 것, 상식적이지 않은 것들을 분별할 필요가 있다. 나는 또한 아침에 기도하는 마음으로 중요하고 어려운 일을 결정하는 것이 매우 효과가 있다는 것을 알았다.

시간 관리는 자기 관리이며 철저한 자기 절제이기도 하다. 시간의 중요성과 그 의미를 아는 사람만이 할 수 있는 것이 시간 관리다. 시간 관리의 목적은 주어진 시간을 여유롭게 사용하는 것이다. 1분 1초를 낭비하지 않고 철저히 쓰는 사람이 시간 관리를 잘하는 것이 아니다. 일할 때 일하고 쉴 때 쉴 줄 아는 사람이 잘하는 것이다. 시간 관리를 잘하는 사람은 쉬지 않고 일하는 사람이 아니라 지혜롭게 일하는 사람이다. 머리를 잘 써서 지혜롭게 행동하는 것이 관리의 핵심이다.

자투리 시간 활용법

영국의 정치가 라운즈는 시간에 대해 이렇게 말했다.

황금이나 보석은 아무리 작은 조각이라도 버리지 않는다. 모두 가치가 있기 때문이다. 시간도 마찬가지다. 버려야 할 시간은 하나도 없다. 하루 15분을 잘 활용하면 1년에 11일을 벌고 하루 30분을 잘 활용하면 1년에 22일을 벌 수 있다. 1펜스를 비웃어서는 안 된다. 1펜스를 우습게 보고 소홀히 여기는 사람은 결국 1펜스 때문에 울게 될 것이다.

이 말을 시간에 적용하면 이렇게 표현할 수 있다. 오늘의 1분을 우습게 여기는 사람은 그 1분 때문에 울게 될 것이다. 그러므로 아주 적은 시간이라도 무엇인가에 집중한다는 그 자체가 중요하다. 고작 10분, 20분하며 뒹굴뒹굴 한다든지, 멍하게 있는 것은 바람직하지 않다. 이렇게 시간을 보내면 그 당시에는 모르지만 몇 년 후에는 분명히 후회하게 될 것이다. 명품 인생은 시간을 잘 관리하는 사람이다.

다음의 글을 마음에 새기며 읽어보기 바란다.

서서히 가라. 생각할 여유를 가져라. 그것은 힘의 원천이다.
쉬는 시간을 가져라. 그것은 영원한 젊음의 비결이다.
독서하는 시간을 가져라. 그것은 지혜의 샘이다.
사랑하고 사랑받는 시간을 가져라. 그것은 특권이다.

평안한 시간을 만들어라. 그것은 행복에 이르는 길이다.

웃는 시간을 만들어라. 그것은 영혼의 음악이다.

남에게 주는 시간을 만들어라.

자기중심적으로 살기에는 하루가 너무 짧다.

노동하는 시간을 가져라. 그것은 성공을 위한 대가다.

자선을 베푸는 시간을 가져라. 그것은 천국의 열쇠다.

하루를 살다보면 자투리 시간이 많이 생긴다. 자투리 시간은 남는 시간이라는 생각에 대부분 소홀히 여기지만, 이 시간을 잘 사용하면 좋은 효과를 얻을 수 있고 생각보다 많은 것을 할 수도 있다. 쪽잠 자기, 눈 감고 조용히 사색하기, 성경을 읽거나 기도하기, 작은 골목길 산책하기, 시나 명언 외우기 등. 자투리 시간을 활용해서 평소 해보고 싶었던 것들을 하면 좋겠다. 그러면 작은 성취감도 생길 것이고, 삶의 기쁨들이 회복될 것이다.

나 역시 교사로서 대부분의 시간을 학교에서 분주하게 보내지만, 수업이 없는 시간과 쉬는 시간을 쪼개어 사용하고 있다. 계획을 세워 사용하는 10분은 무작정 사용하는 1시간보다 더한 값어치가 있다.

여러분은 수업을 마치고 10분 쉴 때, 9분만 쉬고 조금 일찍 들어와서 다음 수업을 준비하는 습관을 만들어라. 준비하는 1분이 수업의 집중도를 높여줄 것이다. 풋풋한 청소년기에 시간을 헛되이 보내지 않으려면 계획성 있게 활용해야 한다. 시간은 관리하기에 따라 값질 수도 있고, 그렇지 않을 수도 있다는 것을 늘 기억하기 바란다.

효율적인 시간 관리 방법

1. 우선순위를 정하라.

모든 일에는 우선순위가 있다. 아침에 일어나 하루를 시작하기 전에 단 5분이라도 오늘 할 일을 생각하고, 일의 순서를 정하기만 해도 상당한 변화가 있을 것이다. 매우 중요한 일, 중요한 일, 덜 중요한 일의 순서로 정리하라. 1순위 일이 끝나기 전에는 절대 다른 일을 하지 마라. 그 일을 제대로 끝낸 후에 다음 일을 하는 것이 좋다.

2. 구체적인 목표를 세워라.

추상적이고 막연한 것이 아니라 실제적이고 실행 가능한 목표를 세워라. 그렇게 해야 시간 조절이 쉽고 시간을 잘 활용할 수 있다. 목표는 공부에 집중하고 열정을 쏟을 수 있는 효과가 있다.

3. 계획을 잘 세워라.

계획을 잘 세우면 시간 효율성이 높아지지만, 계획이 없으면 시간을 낭비하게 되고, 규모 없는 생활의 악순환이 반복될 수밖에 없다. 아무리 바빠도 계획하고 점검하는 자기만의 시간을 가져야 한다.

05

건강:

내 몸은 소중해

건강을 유지한다는 것은
자기에 대한 의무인 동시에 사회에 대한 의무이기도 하다.
_프랭클린

"돈을 잃으면 절반을 잃고, 명예를 잃으면 많은 것을 잃고, 건강을 잃으면 모든 것을 잃게 된다"는 말이 있다. 사람은 영적·정신적인 문제만 있어도 정상적인 생활을 할 수 없다. 더구나 육체적으로 건강하지 않으면 그 어떤 일도 할 수 없을 뿐만 아니라 자신감이 없어서 시도조차 못한다. 그래서 사람들은 살아가면서 가장 중요한 말로 인사를 하는 것이다.

"건강하세요."

보기 좋은 몸과 외모를 위해 건강 관리를 하는 사람들도 있지만, 명품 인생을 살기 위해서는 몸을 건강하게 잘 관리해야 한다. 더구나 청소년기는 성인이 되기 이전 단계이기 때문에 육체와 정신이 건강하지 않으면 건강한 성인으로 성장하기 힘들다.

자기의 몸은 결코 혼자만의 것이 아니다. 가족과 친구, 그리고 나를 만들어주신 분의 깊은 뜻이 있는 매우 소중한 것이다. 그렇기 때문에 자기의 육체를 잘 관리하는 건강 관리는 명품 인생을 살아가는 데 있어서 매우 중요하다.

육체적 고통에 시달리는 아이들

20여년의 교사 생활을 하면서 참으로 다양한 아이들을 만났다. 가장 안타까웠던 것은 육체적·정신적 질병 때문에 정상적인 학교생활을 할 수 없고, 공부를 하고 싶어도 할 수 없는 아이들을 만났을 때였다.

내가 근무하는 학교는 특수학교가 아닌데도 불구하고 부적응아, 유질환자 아이들이 매년 30명에서 50명 가량 있다. 2001년~2005년에는 30명 안팎, 2005년~2010년에는 50명 안팎으로 매년 그 숫자가 늘어나고 있다. 지속적인 치료가 필요해서 대부분 병원에 다니는 아이들이다.

아이들이 앓고 있는 질병은 참으로 다양하다. 모야모야, 소아마비, 신경 계통의 질병, 정신력 이상증후, 우울증, 성격장해, 이탈증, 가슴악성림프종양, 난청, 양쪽 폐포 파괴, 골반과 대퇴골 이상, 오른쪽 신혈관 기형으로 수술, 자폐, 근육병 등으로 고생하고 있다.

담임을 맡은 후 거의 매달 면담을 하면서, 항상 애정 어린 관심과 격려로 아이들을 만나왔다. 그러는 중에 기적처럼 회복되는 아이들도 있었지만 안타깝게도 세상을 떠난 아이들도 있었다.

피가 사라지는 병

한 남학생이 보낸 쪽지가 눈에 들어왔다.

선생님, 저는 중학생 때 피가 사라지는 이상한 병에 걸려서, 유급을 하고 2년 동안 치료를 받았습니다. 그리고 영훈고에 들어와서 그럭저럭 생활하고 있습니다. 오랫동안 한 병원 생활 때문에 친구도 별로 없고 해서 주로 책을 읽거나 음악을 듣고 지냅니다.

글은 계속 되었지만, 내 눈은 한 곳에 머물러 있었다. '피가 사라지는 병' 세상에 이런 병도 있나? 갑자기 눈물이 핑 돌았다. 피가 사라지는 병이라니. 나는 이 남학생을 만났다. 현이는 고개만 숙이고 있었다. 나는 옅은 미소를 지으며 현이에게 물었다.

"현이야, 네가 써낸 글에 대해서 좀 더 자세히 얘기해 줄 수 있겠니?"

현이는 조용하게 천천히 말을 했다.

"네, 선생님. 저는 보통 아이들처럼 건강했는데 갑자기 피가 없어지는 병에 걸렸어요. 처음에는 철분 결핍인 줄 알고, 병원에서 여러 가지를 검사했는데 철분 결핍은 아니고요. 어느 순간에 피가 사라져요. 채우면 또 사라지고요. 그래서 수혈받은 적이 한두 번이 아니에요. 그런데 병원에서는 원인을 모르겠다는 거예요."

나는 안타까운 마음을 억누르고 평온한 목소리로 말했다.

"그랬구나, 현이야. 많이 힘들었겠다. 병원 생활도 오래했겠네."

"네, 선생님. 그래서 2년 유급했잖아요. 동기들보다 두 살이나 더 많아요. 저 나이 들어 보이지요."

웃는 현이를 보며 나도 함께 웃었다.

"이 녀석아, 네가 나이 들어 보이면 나는 완전 할아버지다."

현이는 생각보다 말을 잘했다. 병 때문에 고등학생만의 생기와 활기를 없어 보였지만 할 말은 조근조근하게 다 했다.

"현이야, 요즈음은 좀 어떠니? 정기적으로 치료를 받고 있는 거니?"

"네, 그냥 그럭저럭 지내요. 힘은 좀 없지만요. 이러다가 좀 이상하다 싶으면 병원에 가서 수혈 받아요. 평생 이렇게 살아야 하나 봐요."

"그래, 그동안 얼마나 힘들었니? 아버지 어머니도 고생 많이 하셨을 텐데. 그렇지?"

부모님 이야기에 현이의 눈망울이 흔들렸다.

"부모님은 조그마한 봉제공장을 하세요. 그런데 제 병원비 때문에 빚이 3천만 원이나 돼요. 저 때문에……."

현이의 마음과 부모님의 마음이 느껴졌다. 건강하지 못한 것이 그저 미안해서 부모님께 죄송한 현이, 아픈 아들을 제대로 고쳐주지 못해 미안한 부모의 마음. 나는 그동안 모아 둔 헌혈증을 현이에게 건넸다. 그리고 현이를 격려하며 기도해 주었다.

현이는 그 후에도 지속적인 치료를 받아야 했다. 가족 중에 한 명이라도 아픈 사람이 있으면 가족 전체가 힘들고 어렵다. 더욱이 치료해서 나을 수 있다면 좋겠지만, 현이처럼 원인도 모르는 질병을 계속 치료 받아야 한다면 변함없는 사랑과 격려와 기도가 절실할 것이다.

그리고 현이와 같은 입장에 놓여 있는 청소년들이 있다면 말하고 싶다. 절대로 의지를 잃지 말고 주위에 있는 사람들에게 도움을 요청하라고 말이다. 건강하지 않아서 하고 싶은 일을 할 수도 없는 상황에 있는 모든 이들이 회복되기를 소망하며 이 시간 힘찬 격려의 박수를 보낸다.

먹은 것을 다 토하는 아이

선아가 우리 학교에 들어왔을 때, 먹은 것을 다 토하는 질병을 앓고 있었다. 이 질병의 원인은 과거 가정에서 받은 상처 때문이다. 가정 폭력의 트라우마가 선아에게 좋지 않은 영향을 미친 것이다. 그 당시 선아는 물만 마셔도 토하는 상태였다.

18년 동안 육체적 고통을 겪으며, 거의 매일 병원 진료와 응급실을 다녀야 했던 선아는 결코 삶을 포기하지 않았다. 교회에 나가 열심히 기도하며 자기의 삶을 부여잡고 이겨내려고 모진 애를 썼다.

1년 10개월 동안 선아에게 들어간 치료비는 약 천이백만 원이었다. 선아는 자신을 '짐 덩어리'라고 표현하며 저주하기도 했다. 하지만 쓰러져도 다시 일어나며 치료를 포기하지 않았고 이런 선아의 모습을 지켜본 사람들은 감동을 받아 기도로, 물질로 후원하기 시작했다.

결국 선아는 건강한 육체로 회복되었다. 선아는 병원 치료와 소망, 그리고 이겨낼 수 있다는 믿음이 자기를 회복시켰다는 것에 감사하며 기뻐한다. 선아는 이제 더 이상 자신을 '짐 덩어리'라고 하지 않고 "저는 복 덩어리예요"라고 말하며 환하게 웃는다.

반드시 끊어야 할 것

　평균 3~5시간 가량을 자며 생활하는 이 땅의 청소년들은 늘 잠이 부족하다. 그래서 자신의 의지와 상관없이 지치고 피곤한 모습으로 하루하루를 살아가고 있다. 어른들은 청소년들을 충분히 이해할 수가 있을 것이다. 왜냐하면 우리도 그런 삶을 살았기 때문이다.

　건강한 생활을 하기 위해서는 끊어야 할 것과 버려야 할 것이 있다. "새 술은 새 부대에 담아야 한다"는 말처럼 새로운 삶을 살기 위해서는 이전의 잘못된 생각, 습관, 행동은 모두 버리고 새로운 마음으로 시작해야 한다.

　아름다운 청춘이지만 삶의 순간순간들이 견딜 수 없을 정도로 힘들어 술과 담배 같은 것에 의지하는 청소년들이 많다. 학교마다 금연 선포식을 하고 담배를 피우지 말자고 외치지만 아이들은 여전히 화장실에서, 거리에서 대놓고 담배를 피운다. 그 어떤 방법으로도 근절되기 어려운 흡연 문제를 지금까지 일시적이고 일회적인 방법으로 지도하고 처벌해 온 것이다. 어쩌면 학교 안에 흡연실을 정식으로 설치하는 것이 현실적이지 않을까 하는 생각마저 들기도 한다. 흡연하는 아이들을 격리시키지 않으면 화장실을 비롯해 학교 곳곳이 흡연실이 되기 때문이다.

아무튼 흡연은 자신의 건강을 해친다는 사실을 간과해서는 안될 것이다. 담배는 반드시 끊어야 할 것 중 하나다. 게임 중독, 술과 담배, 욕설과 폭력, 시기와 질투, 미움과 탐욕도 모두 버려야 할 것들이다. 특히 술을 잘 마셔야 사회생활도 잘한다는 고정관념에서 벗어나야 한다. 술의 힘을 빌려 사회생활을 잘해 보겠다는 것은 나약하고 어리석은 생각이다. 술은 사회 문제의 시발점이다. 술은 마셔야 할 것이 아니라 끊어야 할 것들 중 하나이다. 진정 명품 인생을 사는 사람들은 술에 취해 살지 않는다. 명철하고 맑은 머리로 자신의 현재를 살피고 미래를 꿈꾸기도 바쁜데 술에 취하여 넋두리할 겨를이 있겠는가?

지혜로운 건강 관리

건강을 관리하기 위해서는 다른 사람의 도움도 필요하지만 먼저 스스로 노력해야 할 것이 있다.

첫째, 일정 시간 잠을 자야 한다.

개인에 따라 차이는 있겠지만 중학생이라면 6-7시간 정도, 고등학생이라면 5-6시간 정도 자면 생활하는 데 지장이 없을 것이다. 특별한 이유 없이 그 이상의 잠을 잔다면, 그것은 게으른 것이다. 잠도 생활의 일부다. 잠자는 시간을 줄여가며 일을 하거나 공부를 하는 것은 자신의 건강과 직결되는 것이니 만큼 지혜로운 행동은 아니다. 건강을 위해 적절한 수면 시간은 꼭 필요하다.

둘째, 지속적으로 운동을 해야 한다.

계획성 있는 생활은 여러모로 의미가 있지만, 자신의 건강을 관리하는 데는 반드시 지켜야 할 필수 항목이다. 점심시간이나 저녁시간, 쉬는 시간에 그저 엎드려서 잠을 자기보다는 스트레칭을 하거나, 교정을 산책하거나 운동장을 가볍게 뛰는 것도 좋다. 요즘 청소년들에게는 비타민 D 부족이 심각하다고 한다. 하루에 20분 정도 적당한 야외 활동을 해서 유기 화학물인 비타민 D도 섭취하고 햇빛이 풍요로움도 온몸으로 느껴보자. 우리에게는 마음과 몸을 가다듬는 시간이 필요하다.

셋째, 긍정적이고 좋은 생각을 해야 한다.

얼마 전까지 청소년들은 교과서와 문제집 외에 만화책을 많이 가지고 다녔다. 그런데 이 만화책이 문제였다. 대부분이 일본에서 들어온 것으로 수준 낮은 폭력물이거나 선정적인 내용을 담고 있기 때문이다. 이런 만화는 극도로 예민하고 민감한 아이들에게 악영향을 미친다.

현재 아이들에게 급속도로 보급된 스마트폰은 무분별한 정보의 홍수 속에서 옳고 그름조차 분별하기 어려운 내용들로 가득해서 그 폐해가 더욱 크다. 그러므로 우리는 구체적으로 노력해야 한다.

성경의《잠언》이나 짧지만 따뜻한 내용이 담긴 좋은 이야기를 읽는 것이 좋다. 좋은 시를 소리 내어 읽는 것도 좋겠다. 눈을 감고 묵상을 하거나 기도하는 것도 좋다. 이러한 노력은 심신을 안정시키고 긍정적인 마음을 갖게 한다. 육체의 질병은 마음에서 오는 경우가 대부분이다. 자신의 마음을 잘 다스리는 노력을 통해 영적·정신적·육체적 건강을 잘 관리해야 할 것이다.

하루를 건강하게 사는 방법

1. 일정 시간 잠을 자라.

잠도 생활의 일부다. 잠자는 시간을 줄여가며 일을 하거나 공부를 하는 것은 자신의 건강과 직결되는 것이니 만큼 지혜로운 행동은 아니다. 건강을 위해 적절한 수면 시간은 꼭 필요하다. 낮에는 열심히 생활하고 밤에는 휴식을 취하라.

2. 꾸준히 운동하라.

영적 건강을 위해 큐티를 하듯, 육체의 건강을 위해 운동을 해야 한다. 건강한 영혼과 육체는 명품 인생을 사는 바탕이 된다.
하루에 20분 정도 적당한 야외 활동을 해서 유기 화학물인 비타민 D도 섭취하고 햇빛의 풍요로움도 온몸으로 느껴보자. 우리에게는 마음과 몸을 가다듬는 시간이 필요하다.

3. 긍정적이고 좋은 생각을 하라.

성경의 《잠언》 같은 고전을 읽으면 좋은 영향을 받을 수 있다. 좋은 시를 소리 내어 읽어보는 것도 좋겠다. 눈을 감고 명상을 하거나 기도하는 것도 좋다. 이러한 노력은 심신을 안정시키고 긍정적인 마음을 갖게 한다.

06

마음:

나도 모르는 내 마음

그 무엇보다도 너는 네 마음을 지켜라.
그 마음이 바로 생명의 근원이기 때문이다.

_잠언 4장 23절

청소년기는 흔들리며 성장하는 시기다. 마음이 흔들리면 생활도 흔들린다. 생활이 흔들리면 공부를 해도 능률이 안 오르고, 즉흥적이고 말초적인 것에 눈길이 가게 되어 있다. 그럴 때 이 말을 기억하라.

"모든 것은 마음먹기에 달렸다(一切唯心造, 일체유심조)."

그렇다. 우리의 삶은 마음먹기에 달렸다. 마음이 흐트러지면 생활이 무너진다. 그래서 마음을 굳건히 세우고 평정을 유지하는 생활은 매우 중요하다.

역사적으로 위대한 인물들은 자기의 마음을 다스리는 수양(修養)을 잘 했다. 수양은 자기의 마음을 잘 관리하는 것이다. 마음이라는 그릇에 무엇을 담느냐에 따라, 마음의 그릇은 한없이 커지기도 하고, 초라하게 작아지기도 한다.

'자살'의 끝 '살자'

해마다 입시철이 되면 불안한 마음이 든다. 수험생들이 성적을 비관해서 목숨 끊는 일이 빈번하게 발생하기 때문이다. 이런 현실을 보면서 입시 제도를 탓하기도 하고, 바보같이 목숨을 왜 끊느냐고 수험생들을 나무라기도 했다. 하지만 근본적인 해결

방법도 없고 매년 아쉬운 마음만 품은 채 한 해 한 해를 보내고 있었다.

멋진 추억과 배우는 즐거움을 알아가면서 중·고등학교 시절을 보내야 하는데 고등학교의 끝이 자살이라니……. 대한민국에 태어나 수험생이라는 멍에를 쓰고 입시 지옥에서 청소년기를 보내는 아이들에게 어른의 한 사람으로서 정말 미안하다고 말하고 싶다.

몇 년 전 우리 학교 고3 아이들에게 입학시험을 일주일 앞둔 솔직한 심경을 써보라고 했다. 그 내용을 하나하나 읽으면서 얼마나 가슴이 아팠는지 모른다. 아이들 모두 두려워하고 있었다. 나는 한 사람의 교사로서 부끄러움을 느꼈고 아이들을 위해 할 수 있는 일이 무엇인지 생각했다. 하지만 뾰족한 방법이 없었다.

꽤 오랜 시간이 흘렀지만 나 역시 고3 생활과 입시 지옥을 경험했다. 우리 때는 잠 안 오는 각성제가 유행했었다. 오죽하면 담임 선생님이 조회나 종례 시간에 각성제 먹지 말라는 얘기를 할 정도였다.

고3 때 나는 자살 충동을 느낀 적이 있다. 새벽 2시쯤이었고 밖에는 비가 부슬부슬 내리고 있었다. 나는 영어 단어를 외우고 있었다. 그때 갑자기 '내가 왜 이 한밤중에 잠도 못자면서 영어 단어나 암기해야 하나, 이게 제대로 하는 공부인가' 하는 회의

가 들었다. 급기야 '자살'을 생각했고, 연습장에 빽빽이 쓰기 시작했다.

'자살자살자살……'

연습장 한 페이지를 가득 채우고 잠시 허탈감에 빠져 있던 나는 새로운 것을 발견한 사람처럼 눈이 휘둥그레졌다. 그것은 연습장의 맨 끝 글자가 '자'로 끝나 있었다.

'……자살자살자살자.'

우연이라고 생각할 수 있겠지만 나는 그때 큰 깨달음을 얻었다.

'그래, '자살'과 '살자'는 한끝 차이야. 자살은 언제든지 할 수 있어. 죽고 싶은 모진 마음으로 한 번 더 해보자.'

그때부터 나는 더 적극적으로 공부하고 생활에 충실할 수 있었다. 나는 이 땅의 청소년들이 끝까지 힘을 내기 바란다. 그 어떤 아픔과 괴로움이 있을지라도 빨리 씻어내고 용기 잃지 말고 힘 있게 살아가기를 바란다.

모든 사람은 이 땅에서 해야 할 자기만의 역할과 가치를 가지고 태어난다. 우리의 의지로 태어난 것이 아니듯, 우리는 스스로 목숨을 끊어서도 안 된다. 몸이 불편한 장애우도 순간순간을 감사하며 열심히 살아가는데 건강한 육신과 정신을 가지고 우울하고 힘겹게 살아간다면 얼마나 부끄러운 일인가. 우리에게 펼쳐질 내일을 기대하며, 마음껏 즐기며, 삶의 의미를 찾으며 기쁘게 나아가길 바란다.

내몰림과 중독

스마트폰과 SNS(Social Network Service) 등 디지털 문명의 급속한 발달과 함께 우리 아이들의 정신세계도 복잡다단한 세계 속으로 빠져 들고 있다. 현란한 조명 아래의 영상 세대는 그 삶도 현란하기 그지없다. 그런데 사고력은 상대적으로 줄어들고 즉흥적인 행동만 늘어가고 있다.

컴퓨터 중독에 빠진 정운이는 아무 때나 학교에 와서 아무 때나 가는 이탈증에 시달리는 아이다. 지능지수가 너무 높아서 정신과 치료가 필요한 해원이는 폭력적인 아버지를 죽이고 싶다는 마음에 인터넷 사이트에 접속하여 사제 폭탄을 만들고 말았다. 또 매일 밤 꿈에 똑같은 귀신이 나타나는 남훈이는 이틀이 멀다 하고 발작을 일으켰고 급기야 고등학교 졸업 후에 투신자살을 했다.

공부를 독려하는 데는 아이들 자신뿐 아니라 부모와 교사들도 한몫을 한다. 그 뻔한 잔소리 때문에 아이들은 해도 해도 끝이 없는 공부를 포기하고 밖으로 뛰쳐나가기 시작한다. 그리고 PC 방과 같은 자신들만의 공간을 찾아 대부분의 시간을 보내고, 어떤 아이들은 향락에 몸을 맡기기도 한다. 또 좋지 않은 방법으로 자신의 몸을 학대하기 시작한다. 자신의 몸만 학대하는 것이 아니라 정신적으로 영적으로 이상 현상을 보이는 아이들도 있다. 결국 게임 중독과 같은 심각한 문제가 생기는 것이다. 밤을 낮처럼, 낮을 밤처럼 지내는 우리 아이들은 공부에 상처받고 그로 인해 내몰려 방황을 거듭하고 있는 것이다.

세상의 문화는 아이들을 살리는 것이 아니라 죽음으로 몰아가고 있다. 깊게 생각하지 못하고 즉흥적이고 시각적인 것에 취한 아이들은 폭력과 쾌락에 빠져들고 있다. 이렇듯 세상 문화는 계속해서 청소년들을 갉아먹고 있다. 이런 문화 속에서 청소년들의 마음은 어떤 대중가요 가사처럼, "내 마음 갈 곳을 잃어" 버리고 그 마음은 한없이 공허할 것이다.

건전한 가치관 정립이 필요할 때

수업을 마치고 서쪽 현관으로 나가는데 웬 여학생이 현관 앞 담에 기대어 머리를 숙이고 서 있었다. 벌써 1교시가 끝난 시간인데 수업에 안 들어간 학생인가 싶어 힐끗 쳐다보았다. 아이는 매우 불안해 보였다. 그냥 지나칠 수가 없었다. 만난 적이 없는 예쁜 얼굴의 3학년 여학생이었다. 명찰을 보니 이름이 선정이다. 한 걸음 다가서며 물었다.

"선정아, 지금 수업 시간인데……."

나는 더 이상 말을 할 수가 없었다. 아이의 얼굴은 매우 창백했고, 눈에는 눈물이 그렁그렁 했다. 나는 말을 돌렸다.

"너 어디 아프니? 안색이 무척 안 좋은데."

대답을 하지 못하고 훌쩍거리며 울고 있는 선정이에게 안타까운 마음이 들었다. 나 같은 어른이 생각하지 못하는 아픔을 우리 아이들이 가지고 있는 경우가 많기 때문이다. 나는 이 순간을 놓칠 수가 없었다. 교사의 입장에서 이런 상황에 있는 아이를 어떻게 대하느냐에 따라 아이의 인생이 달라질 수 있다는 것을 수십 년간의 경험을 통해 잘 알고 있었다.

"너 3학년이구나. 오늘 모의고사 보는 날인데 시험은 안 보기로 했니?"

"네, 선생님. 저는 대학에 가지 않거든요. 좀 늦어서 교실에 들어가지 못했어요. 쉬는 시간에 들어가려고요."

풀이 죽어 있는 선정이는 세상을 다 산 듯한 얼굴을 하고 있었다. 불안한 표정, 낡은 교복과 흐트러진 머리, 예쁜 얼굴에 비해 선정이의 외모는 지저분하고 초라했다. 나는 선정이와 이야기하고 싶었다.

"그래, 그럼 잠시 선생님과 이야기해도 되겠니? 어차피 시험 중이라 지금 교실에 들어가기도 어렵고 말이야."

선정이는 대답 대신 고개만 끄덕였다. 선정이를 데리고 학교에서 상담실로 사용하는 기록보존실로 갔다. 방석을 내어 주고 탁자를 사이에 두고 마주 앉았다.

"선정아, 왜 현관에서 울고 있었는지 말해 줄 수 있겠니?"

선정이는 담담하게 자기의 이야기를 해주었다. 선정이는 이란성 쌍둥이다. 할아버지와 할머니 손에서 어린 시절을 보냈고, 폭력을 쓰는 아버지와 어머니 밑에서 자랐다. 친구는 무척 많았지만 대부분이 남자였고, 나를 만났을 당시에도 남자 관계가 많이 얽혀 있었다. 성적으로도 매우 무지해서 남자 친구와 같이 포르노 비디오를 보기도 했고, 군대 가는 선배가 성관계를 요구해서 거절했더니 대신 오럴섹스를 요구해 응했다고 했다. 성관계만 아니면 된다는 생각에 그런 행동을 한 것이다. 나중에 자신의 행동이 엄청난 일이라는 것을 알고 자살을 기도하기도 하였다.

"선생님, 제 죄를 어떻게 하죠? 저 진짜 날라리인가 봐요. 하나님이 계시다면 만나고 싶어요. 회복이 된다면… 평안함이 온다면… 좋겠어요."

마음 : 나도 모르는 내 마음

선정이는 이후 나를 몇 번 더 만나 상담을 한 후에 신앙을 통해 회복되었고, 지금은 취직해서 잘 생활하고 있다. 선정이가 자신의 문제를 해결하지 않고 그대로 안고 살아갔다면 내면에 숨어 있는 무지함과 죄책감 때문에 매우 힘들었을 것이다. 특히 남자에 대한 가치관이 바르게 정립되기는 어려웠을 것이다. 무엇보다 먼저 자기 자신이 용서될 때 타인도 용서할 수 있다. 이는 선정이와 같은 문제를 안고 있는 아이들에게 매우 중요하다. 아무것도 모르고 저지른 행동 때문에 정신이 피폐해지고 결국 정상적인 생활을 할 수 없는 지경에까지 이르게 된다. 이것은 매우 심각한 일이다.

용서의 능력

아이들과 2박 3일 수련회를 간 적이 있다. 수련회의 주제는 'My life for…' 즉 '내 인생은 무엇을 위해 진행되는가' 였다.

아이들은 자기 목소리 내기를 좋아한다. 그러나 아이들의 목소리는 맨 땅에 헤딩, 맨 벽에 외침이 되는 경우가 대부분이다. 아이들은 자신에게 조언해 줄 사람을 찾지만, 때로는 자신들의 이야기를 들어주는 사람을 찾기도 한다. 부모와 교사, 친구들이 많이 있어도 대화 상대를 찾지 못해 컴퓨터에, 게임에, 술에 빠지기도 한다.

나는 조별 나눔 교재를 편집하면서 아이들의 소리를 듣고 싶었다. 가슴 속 깊이 숨겨져 있는 아이들의 소리가 드러나기를 원했다. 일찍 드러날수록 치유와 회복은 빨리 진행되기 때문이다.

'My life for …'라는 주제에 걸맞게 네 시간 분량의 교재를 편집했고, 시간을 좀 타이트하게 구성해서 순서당 1시간, 1시간 30분 정도를 할애해서 비중을 높였다. 그리고 학생들을 모두 다섯 조로 나누었다.

첫 시간에는 세계관에 대해 토론했다. 아이들은 인간적 · 신앙적 · 물질적 · 자연적 세계관을 많이 혼동하고 있었다. 그리고 이어지는 순서는 사명선언문 작성, 평생 비전 100가지 쓰기, 인생 프로젝트 구성하기, 용서 선언 등이 있었다.

용서 선언은 자신에게 상처 준 사람을 용서하는 것이다. 첫째 날 밤에 모두 모여 이야기를 나누는 중, 용서해야 할 사람이 있거나 용서해야 하는데 잘 안 되는 사람이 있으면 자리에서 일어나라고 했다. 몇몇 아이들이 자리에서 일어났다. 나는 그 아이들을 앞으로 나오게 했다.

"여러분! 우리의 마음은 깨끗해야 하고 정결해야 합니다. 그런데 다른 사람을 용서하지 못하면 그 사람에 대한 분노가 우리 마음에 계속 남아 있게 됩니다. 마음속 분노를 해결하기 위해서는 여러분의 노력이 필요합니다. 힘들겠지만 여러분의 상처, 여러분에게 상처 준 사건이나 사람이 무엇인지 누구인지 말해 줄수 있겠어요? 오늘 밤 용서할 수 있기를 바랍니다."

나는 아이들에게 마이크를 건넸다. 무슨 이야기든 괜찮다고 했다. 그러나 아이들의 입은 쉽게 열리지 않았다. 시간이 조금 흐른 후에 한두 명이 말하기 시작하자 삽시간에 놀라운 이야기들이 폭포수처럼 쏟아지기 시작했다.

"저는 정말 선생님이라고 느껴지지 않은 선생님이 있어요. 바로 담임 선생님이에요. 얼마나 인격적으로 모독하는지 몰라요. 저는 그분을 용서하고 싶지 않아요. 정말 용서하기 싫어요."

"저는 엄마가 정말 싫어요. 수련회 올 때도 너무 힘들었어요. 저를 쳐다보는 눈초리는 친엄마가 맞나 하는 생각이 들 정도예요. 조별 나눔을 하면서 절대 엄마를 용서할 수 없다고 생각했어요. 그런데 제 마음속의 소리는 엄마를 용서해야 한다는 거예요."

아이들은 눈물을 쏟으며 자신들의 이야기를 했다. 아니 토해내고 있었다. 생각보다 심각했다. 학교 선생님에 대한 상처, 부모님에 대한 상처, 친구에 대한 상처가 대부분이었다. 나는 내가 교사라는 사실이 부끄러웠다. 우리 아이들을 잘 지도해야 할 교사들이 도리어 상처를 주고 있다는 현실이 안타까웠고 부끄러웠다. 이미 이곳은 눈물바다가 되었고 이야기를 하는 아이들과 듣는 아이들 모두 애통한 마음으로 하나가 되었다.

아이들의 이야기가 끝나고 나는 다시 마이크를 잡았다.

"여러분은 말하기 어려운 이야기를 했습니다. 어른이며 교사인 저는 여러분에게 미안하고 부끄럽습니다. 여러분이 그렇게까지 아픈 상처를 안고 있는지 몰랐습니다. 하지만 여러분, 우리는 용서할 줄 알아야 합니다. 용서하는 것이 쉽지는 않겠지만 노력해야 합니다. 우리는 무조건 용서해야 해요. 우리가 고백한 사람들과 용서하기 힘든 사람들을 위해 용서를 선언하는 시간이 되었으면 좋겠습니다."

모든 아이들이 눈을 감고 생각에 잠겼다. 나는 조용한 음악을 틀었다. 그때 영미가 다가왔다.

"선생님, 저는 제가 용서가 안 돼요."

나는 영미의 귀에 대고 말했다.

"이미 너도 용서 받은 거야. 네 안에 있던 나쁜 것들은 이미 사라졌어. 내 말 무슨 뜻인지 이해하지?"

마음속으로 생각하는 것이 불순하거나 좋지 않은 것들이라면 먼저 그것들을 해결해야 한다. 우리의 마음은 항상 기쁘고 즐겁고 감사한 것들로만 채워져야 한다. 청소년들이 학교에서 가장

마음 : 나도 모르는 내 마음

싫어하는 교사는 웃으면서 매를 드는 교사다. 화를 내며 매를 드는 교사에게는 인간적인 거부감이 느껴지지 않지만, 사랑한다면서 웃으며 매를 드는 교사의 이중적이고 위선적인 모습에 심리적 자극을 받아 경멸하는 것이다. 사람은 마음과 행동이 일치되어야 한다.

　나는 아이들의 내면에 깔려 있는 아픔이 치유되기를 소망한다. 가정과 학교, 그리고 자신도 모르는 그 누군가에게 받은 상처까지 치유되었으면 좋겠다. 누군가의 영향으로 잘못 형성된 인격까지 사랑으로 회복되어 좋은 영향력을 미치는 사람이 되기를 간절히 바란다.

마음 관리 방법

　바람직하지 않은 세상 문화를 극복하고, 우리의 마음을 맑고 건전하게 유지하기 위해서는 많은 노력과 지혜가 필요하다.

첫째, 규칙적인 생활을 하라.

학교 생활이 규칙적인 것처럼 귀가 시간과 집에서의 시간 관리도 효율적이고 체계적으로 해야 한다. 또한 정신을 자극하는 영화나 드라마, 쇼 프로그램 시청을 자제하고 긍정적이고 유익한 프로그램을 접하는 것이 좋다. 마음이 평안하지 않으면 아무리 실력이 좋아도 제대로 사용할 수 없고, 발휘할 수도 없으므로 마음을 다스리는 자기만의 방법을 모색하는 것이 좋겠다.

둘째, 묵상하라.

아침에 일어나면 눈을 감고 묵상하면서 하루의 계획을 세우는 것이 좋다. 그러기 위해서는 부지런해야 한다. 조금 힘들어도 하루를 시작하는 아침에 계획을 세우는 사람과 그렇지 않은 사람과는 큰 차이가 있다.

셋째, 끊을 것은 과감하게 끊어라.

제자 중에 재수해서 한국종합예술학교 연극과에 합격한 아이가 있었다. 학교에서도, 친구들 사이에서도 이 아이는 영웅이 되었고 자신도 그 성취감에 무척이나 기뻐했다. 그러나 합격자 발표 다음날 친구들과 새벽까지 술을 마시고 돌아오다 버스에 치여 식물인간으로 한 달을 살다 세상을 떠났다. 참으로 안타까운 일이었다. 불규칙하고 즉흥적인 행동은 사고로 이어질 가능성이 크다. 특히 술과 담배 같은 향락에 몸을 맡길 때 예기치 못한 안타까운 결과가 초래되기도 한다.

넷째, 용서하라.

자신의 마음이 괴로울 정도로 밉거나 원망스러운 사람을 용서하자. 용서는 선포하는 것이다. 용서는 상대방을 위한 것이 아니라, 자기 자신을 위한 것이다. 다른 사람을 미워하는 마음으로 인해 자기 자신이 상한 마음으로 살아가기 때문이다. 마음의 회복과 치유, 그리고 평강을 원한다면 자신에게 상처 준 사람에게 용서를 선포하기 바란다.

용서는 마음에 자유를 준다. 손가락을 벤 자리에 새살이 돋듯이 상처 입은 마음을 잘 치유하면 상처가 아물고 새살이 돋게 될 것이다.

우리가 보다 나은 인생을 살기 위해서는 추구하고 목표로 세워야 할 것들이 많이 있지만, 끊어야 할 것도 있다는 사실을 명심해야 한다. 끊을 수 있는 용기는 명품 인생을 살아가는 데 중요한 자산이 될 것이다.

마음의 건강을 지키는 방법

1. 중독에서 벗어나라.

중독은 결핍의 다른 이름이다. 잘못된 것에 중독되면 생활까지 위협을 받는다. 게임 중독과 외모 중독에서 벗어나라. 마음을 깨끗하게 관리할 때 외모도 빛이 나는 법이다.

2. 세상과 구별되어라.

구별은 세상 속에 살지만 세상의 더러운 것에 물들지 않고 깨끗하고 거룩하게 살아가는 것이다. 더러운 세상에 끌려 다니며 타협하는 인생이 아니라, 세상에 선한 영향력을 미치는 인생이 되어라.

3. 용서하라.

마음속에 있는 상처와 아픔에 더 이상 얽매이지 마라. 과감히 용서하라. 용서는 선포다. 용서는 평안을 주고, 분노를 잠재우고, 사랑으로 승리하게 하는 힘이 있다.

4. 밝은 사람과 가까이 지내라.

늘 유쾌하고 밝은 사람이 있다. 이런 친구들로 여러분의 주위를 가득 채워라. 웃음은 전염된다. 여러분의 얼굴에도 웃음이 떠나지 않고 늘 즐겁게 생활할 것이다.

07

돈 :

돌고 돌아야 한다

삶, 즉 사랑의 힘, 기쁨의 힘,
감탄의 힘을 모두 포함하는 삶 외에 다른 부는 없다.
고귀하고 행복한 인간을 가장 많이 길러내는 나라가 가장 부유하다.
자신의 삶의 기능들을 최대한 완벽하게 다듬어 자신의 삶에,
나아가 자신의 소유를 통해서 다른 사람들의 삶에도 도움이 되는
영향력을 가장 광범위하게 발휘하는 그런 사람이 가장 부유한 사람이다.

–존 러스킨

자본주의 시대를 살아가는 사람들에게 행복의 조건에 대해서 물으면, 대부분이 돈이라고 대답할 것이다. 몇 년 전 모 은행 광고 카피도 이를 반증해 준다.

　　"부자 되세요!"

　　돈은 우리 생활의 행복의 척도이고 필수불가결한 것이 되어 버렸다. 특별히 물질만능주의라고 일컬어지는 이 시대에 돈을 어떻게 벌어야 하고, 어떤 마음으로 사용해야 하는가는 매우 중요한 일이 아닐 수 없다.

　　계획성 있는 소비는 자기의 삶을 행복하고 여유롭게 해줄 것이다. 하지만 무질서하고 무분별한 물질 사용은 자기 자신과 생각까지 무너트린다. 경제 관리를 현명하게 잘하는 사람은 가정, 학교, 회사, 나라의 재정 관리도 잘 할 것이다. 그래서 경제적 습관을 청소년기부터 잘 길러야 한다.

돈 버는 것이 목표예요

　　영철이는 몇 년 전 내가 가르쳤던 학생이다. 영철이가 고3 졸업반일 때가 생각난다. 1학기 수시에 합격해야 한다며 잘 알려지지 않은 전문대학에 원서를 넣었고 합격했다. 영철이는 고등학교 3년 내내 다른 아이들과는 좀 다른 생활을 했다. 정규 수업을 마치면 아르바이트를 하러 갔다. 아주 악착같은 아이라는 생각이 들 정도로 영철이는 분주하게 뛰어다녔다.

어느 날 오전 수업만 마치고 교문을 뛰어나가는 영철이를 만났다.

"영철아, 어디 가니? 그렇게 급하게."

"아, 선생님. 아르바이트 갑니다."

영철이는 매우 다급해 보였지만 그동안 궁금했던 것을 꼭 물어보아야겠다는 생각으로 불러 세웠다.

"영철아! 왜 그렇게 아르바이트를 하려고 하니? 내 기억에는 3년 내내 하는 것 같은데……."

"네, 선생님. 저는 대학에 들어가기 전에 천만 원을 모아야 하거든요."

"왜?"

"저는 장사를 할 거예요. 그러려면 밑천이 있어야 하는데 저희 집 형편이 좀 많이 어렵거든요. 이제 조금만 모으면 돼요."

"그럼 대학은? 수시에 합격했잖니?"

"그건 시간을 벌려고 합격한 거예요. 아르바이트 더 해서 돈 벌어야죠. 선생님, 저 시간이 없어서 먼저 갈게요."

뛰어가는 영철이의 뒷모습을 보면서 대단한 녀석이라는 생각

울보 선생의 명품 인생

이 들면서도, 한편으로는 염려스러웠다. 나중에 좀 더 이야기를 나누어야겠다고 생각했다.

건전한 물질관

영철이는 여느 아이들과는 달리 어려운 가정 형편 때문에 일찌감치 세상 살아갈 준비를 나름대로 하고 있었다. 돈을 어떻게 벌어야 하는지도 알고 있었고, 성실하게 노력해서 천만 원 가까이 모을 정도였다. 이런 목표와 방향은 우리가 배워야 할 부분이다.

하지만 내가 미처 영철이에게 물어보지 못한 것은 그렇게 힘들게 번 돈을 어디에 어떻게 쓸 것인가 하는 것이었다. 영철이처럼 악착같이 돈을 버는 대부분의 사람들이 어디에 어떻게 쓸 것인가에 대한 생각과 계획이 많지 않은 것이 문제다.

영철이 같은 아이들은 돈을 잘 벌 것이다. 성실함과 근성이 있기 때문이다. 그런데 우리가 유념해야 할 것은 돈을 어디에 어떻게 쓸 것인가를 미리 생각해야 한다는 것이다.

돈은 잘 사용할 때 돈으로서의 역할을 하게 된다. 돈을 모으기만 하면 그것은 돈이 아니다. 돈은 돌고 돌아야 돈이다. 원하는 만큼 돈을 벌어서 계획하고 꿈꾸는 것을 이루는 것도 중요하지만, 매일의 삶 속에서 자신이 소유한 물질을 조금씩 의미 있는 일에 사용한다면 그것은 돈의 가치를 잘 알고 잘 사용하는 것이다.

나는 여러분이 영철이처럼 돈 버는 일에만 치중하지 않기를 바란다. 돈을 버는 것도 중요하지만 잘 쓰는 것은 더욱 더 중요하다. 돈은 내 수중에서 떠날 때 그 진가가 발휘된다. 돈은 사용해야 되고, 돌고 돌아야 한다. 돈은 사람을 살리기도 하고 상처 주기도 한다. 우리에게는 돈을 잘 사용할 줄 아는 지혜가 필요하다.

돕는 마음과 행동

돈은 자신이 아닌 타인을 위해 사용할 때 그 가치가 빛이 난다. 남을 돕고자 하는 마음과 행동과 돈이 어우러져서 사용될 때, 전해 주는 사람의 따뜻한 마음에 상대방이 감동받고 새 힘을 얻게 되는 것이다.

돈을 잘 사용하는 방법은 어릴 때부터 배워야 하고 몸에 익혀야 한다. 부디 적은 액수일지라도 친구나 고아원, 양로원, 제3세

계의 가난한 나라 사람들에게 도움을 줄 수 있는 넉넉한 사랑의 마음을 지니기를 바란다. 그것은 액수와 상관없이 사람들에게 희망을 갖게 하고 삶을 살아가는 교두보(橋頭堡) 역할을 할 것이다.

돈을 벌 때 로또 당첨식의 일확천금을 기대하는 것은 바람직하지 않다. 쉽게 번 돈은 쉽게 나가는 법이다. 땀 흘리지 않고 번 수익은 의미도 없을 뿐더러, 그렇게 벌어들인 물질은 자신에게 오히려 해를 끼치기 때문이다. 나는 여러분이 수고하지 않고 노력하지 않고 쉽게 얻으려는 로또 복권에 연연해하지 않았으면 좋겠다. 열심히 땀 흘리고 노력해서 얻은 물질이 적을지라도 그것을 쪼개고 쪼개어 타인을 위해 사용한다면 그 얼마나 감사하고 보람 있는 일인가.

제자 중에 미영이라는 아이가 있다. 미영이는 성적이 우수하고 모범적이어서 가끔씩 장학금을 동반한 표창을 받았다. 가정이 넉넉한 편은 아니지만 미영이의 마음 씀씀이는 매우 기특하고 예뻤다.

"선생님, 저는 장학금을 몇 번 받았잖아요. 너무 감사한데요. 사실 저보다 더 어려운 친구들이 있는 걸로 알고 있어요. 선생님, 부탁이 있어요. 이번 장학금은 다른 친구에게 돌리면 어떨까요."

상의하러 온 미영이의 말을 들으며 내 눈에서 눈물이 핑 도는 것을 어찌지 못했다. 남을 돕고자 하는 마음은 물질적으로 풍족해서 가능한 것이 아니다. 내 마음이 풍족할 때, 내 마음이 행복할 때 도울 수 있다. 세상에는 백만 원을 벌어서 십만 원처럼 가치 없게 쓰는 사람도 있지만, 십만 원을 벌어서 백만 원처럼 사용하는 사람도 있다. 여러분은 어떻게 돈을 사용하고 싶은가?

청소년기의 물질 관리

요즘 청소년들의 한 달 용돈은 어느 정도인지, 주 사용처는 어디인지에 대해 알아보았다.

'관리하기 가장 어려운 부분은 무엇인가?'라는 질문에 시간 관리(181명), 목표 관리(102명), 인간관계(51명)에 이어 물질 관리(25명)의 어려움을 꼽았다. 물질 관리가 특별히 어려운 이유에 대해서는 '돈의 소중함을 모르고 생각 없이 쓰기 때문이라'고 응답했다.

'한 달 용돈은 얼마인가?'라는 질문에 5~10만 원(125명),

3~5만 원(101명), 10만 원 이상(82명), 3만 원 미만(81명), 없다(5명), 기타(6명) 순으로 나타났다.

'한 달에 가장 많이 지출하는 항목은 무엇인가?'라는 질문에는 224명이 먹고 마시기, 101명이 책과 학습 자료 구입, 50명이 영화, 연극, 문화 공연 관람이라고 응답했다. 그밖에 23명이 교통비, 쇼핑, PC방, 소설책 대여 등에 사용한다고 답했다.

위의 설문 내용을 통해서 요즘 청소년들의 한 달 용돈은 평균 5만 원 안팎이고, 대부분 간식, 책 구입 등에 사용하고 있는 것을 알 수 있다. 조사 과정에서 한 달 용돈이 50만 원인 학생도 있었다. 이 학생은 부유한 가정 환경 덕택에 용돈은 넉넉했지만, 대부분 쇼핑이나 옷 구입, 먹는 것 등에 그 많은 용돈을 쓰고 있었다.

그러나 다른 사람을 위해 용돈을 사용하는 칭찬할 만한 학생들도 있었다. "정기적으로 기부하거나 자원 봉사하는 곳이 있으면 써주세요" 항목에 "아픈 아프리카 어린이들을 위해 매월 10만 원을 기부한다. 월드비전에 기부한다. 보육원에 기부한다. 그루터기 봉사활동을 한다. 매달 천 원씩 기부한다, 정기적으로 헌혈을 한다. 적십자사에서 반찬 배달을 한다"고 응답했다.

대체로 청소년들은 물질에 민감한 반응을 보였으며, 돈에 대한 압박감도 있었다. 사회에 만연한 물질만능주의는 청소년들에게도 예외가 아니므로 바른 물질관을 형성하는 것은 매우 중요하다.

십분의 일 통장을 만들자

지금은 공부해야 할 때이며 비전을 품고 노력할 시기다. 그 노력의 결과로 훗날 돈을 벌게 되기를 바란다. 정당하고 성실하게 벌어라. 그리고 그 돈을 자신만을 위해 사용하는 것이 아니라, 다른 사람을 위해서도 사용하기를 바란다. 금액과 상관없이 돕고자 하는 마음과 정성이 함께할 때, 받는 이의 기쁨과 격려는 배가 될 것이다. 이렇게 할 수 있는 것은 성인이 되어서만 가능한 것이 결코 아니다. 청소년기인 지금도 가능하다.

오직 어려운 이웃을 위해 사용할 십분의 일 통장을 만들어 보자. 이 통장의 돈은 분명 귀하게 사용될 때가 있을 것이다. 이 돈이 쓰이는 곳마다 상처가 치유되고 위로와 웃음이 회복될 것이다. 그리고 여러분에게는 형언할 수 없는 기쁨이 될 것임을 간

돈 : 돌고 돌아야 한다

과하지 않기를 바란다. 청소년기의 물질 관리는 평생 습관이 될 수 있는 만큼 지금부터 바른 물질관을 배우고 익히는 것이 매우 중요하다.

돈은 돌고 돌아야 한다

돈은 살아가는 데 편리함을 주지만, 돈으로 인해 일어나는 불상사는 매우 많다. 사회에서 일어나는 모든 문제, 즉 부정적인 일의 배후에는 항상 돈이 자리 잡고 있다.

그렇다면 돈을 현명하게 사용할 수 있는 방법은 무엇일까? 돈을 축적하기보다는 선순환 되는 곳에 사용하는 것이다. 누군가를 위해 의미 있게 쓰라는 것이다. 쓸 때 잘 쓰면 되는 것이다. 돈은 '돌아서 돈'이라고 한다. 돈이 돌고 돌 때, 빛이 나고 가치 있는 법이다. 금고에 아무리 많은 돈이 있어도 쌓여만 있으면 그것은 돈이라고 할 수 없다.

돈을 사용할 때 나만을 위해서가 아니라, 선순환이 되도록, 다른 사람들을 행복하게 해주는 선한 도구가 될 수 있다는 것을 기억하고, 돈을 잘 사용할 수 있는 용기와 지혜가 있기를 소망한다.

용돈을 똑똑하게 사용하는 방법

1. 필요와 욕구를 구별하라.

필요와 욕구는 비슷한 듯하지만 다르다. 필요는 꼭 있어야 하는 것이고, 욕구는 무엇을 얻고자 하거나 무슨 일을 하고자 하는 바람이다. 예를 들면, 필요는 일반 휴대폰이고, 욕구는 최신 스마트폰이다. 우리는 필요와 욕구를 잘 구분해서 과한 소비를 줄이고 현명한 소비 생활을 해야 한다.

2. 돕는 마음과 행동으로 나아가라.

물질을 잘 사용한다는 것은 자기 자신만을 위해서가 아니라, 이웃을 위해 사용하는 것이다. 돕는 마음과 섬기는 마음을 실제적인 행동으로 표현하라. 세상에는 나보다도 힘들고 어렵게 사는 사람들이 많다.

3. 십분의 일 통장을 만들어라.

오직 어려운 이웃을 위해 사용할 십분의 일 통장을 만들어 보자. 이 돈이 쓰이는 곳마다 상처가 치유되고 위로와 웃음이 회복될 것이다. 그리고 여러분에게는 형언할 수 없는 기쁨이 될 것임을 간과하지 않기를 바란다. 청소년기의 물질 관리는 평생 습관이 되는 만큼 지금부터 바른 물질관을 배우고 익히는 것이 매우 중요하다.

08

목표:

세상과 함께하는 꿈

늘 갈망하며, 늘 우직하게(Stay hungry, Stay foolish)

_스티브 잡스(애플의 전 CEO이자 공동 창립자)

아이들에게 학교생활에서 가장 하고 싶은 것이 무엇이냐고 물으면, 대부분 먹는 것과 자는 것이라고 대답한다. 참으로 짐승의 경지를 넘나드는 대답이다. 이렇게 답한 것은 남학생뿐 아니라 여학생들도 마찬가지다. 역설적인 것은 그렇게 먹을 것을 탐하는 남학생과 여학생 모두 살을 빼기 원한다는 것이다.

이런 아이들에게도 막연하지만 목표가 있고 삶의 비전이 있다. 단지 차이점이라면 목표를 분명히 알고 준비하는 아이들과, 꿈이 있는데 어찌해야 할지 방법을 모르는 아이들이 있다.

게으름은 최대의 적

고등학교 3학년 장하의 책상 위에는 "좀더 자자, 좀더 졸자, 손을 모으고 좀더 누워 있자 하니 네 빈궁이 강도 같이 오며 네 곤핍이 군사 같이 이르리라"(잠언 24:33-34)는 짧은 글이 붙어 있다. 게으르면 빈궁이 강도 같이 곤핍이 군사 같이 이른다는 말이다. 한 마디로 가난해진다는 뜻이다. 아이들은 지극히 현실적이고 자기 자신을 우선시 여긴다. 그래서 공부의 목적도 단순하다. 돈 많이 벌어 행복하게 산다는 것이다.

선생님과 상담을 했다. 지금 나는 무엇(어떤 과, 어떤 대학)을 목표로 하고 있는가? 올해 초 다짐했던 계획대로 잘하고 있는가? 지금 실력으로 갈 수 있는 대학은 어디인가? 이런 생각을 할 때 내 자신이 한심하고 한숨만 나왔다. 하지만 그 덕분에 다시 한 번 마음을 다잡게 되었다. 오늘부터 야간자율학습을 하고 싶었지만 혼자는 무리라는 생각에 포기했다. 아무튼 열심히 해야겠다. _고3, 현수

현수의 글을 통해서 현재 아이들의 고민과 그들의 모습을 발견할 수 있다. 자신의 현재 모습과 위치를 파악하는 것과 현실을 직시하고 마음을 다스리는 것은 매우 중요하다. 현수처럼 고민을 껴안고 살아가는 아이들. 이런 과정을 통해 어른으로 성숙해 가는 것이다. 다만 고민으로만 그치지 말고 여러 발전적인 방법을 모색하며 현재의 위치에서 최선의 노력을 다해야 할 것이다.

목표가 있는 삶

나는 중학생 때 매우 내성적이었다. 남자다운 성격은 거의 없었고 주로 고무줄이나 줄넘기, 공기놀이를 하며 놀았다. 그런 내

게 격려와 용기를 불어 넣어준 선생님이 계셨다. 국어를 가르치셨던 이정세 선생님이다. 연세가 많으셨던 것으로 기억된다. 선생님은 나에게 이렇게 말씀하셨다.

"관하야. 너는 글 쓰는 사람이 되면 좋겠다. 글 솜씨가 아주 좋아. 잘해 보렴. 성공할 거야."

나는 중·고등학교 때 모든 문예상을 휩쓸다시피 했다. 이것은 내 실력이기 이전에 선생님의 따뜻한 격려 덕분이다. 선생님의 격려는 글 쓰는 것을 좋아하게 만들었고, 그 격려의 힘으로 다작(多作)을 하게 되었고 다작은 수작(秀作)을 낳게 되었다. 그리고 고등학교 때 또 한 번의 격려를 받았다. 문학의 밤에서 수필을 낭송했는데, 그 당시 초대 시인이었던 황금찬 선생님께서 극찬을 해주셨다.

"훌륭한 자질이 있는 학생입니다. 열심히 하면 꼭 아름다운 글을 쓰는 문학가가 될 것입니다."

황금찬 선생님의 격려는 날개 돋은 새처럼 나를 하늘로 날아오르게 했다. 나는 그때를 계기로 밤을 새며 글을 쓰게 되었다. 꿈결에 넋두리처럼 흘러나오는 이야기까지 하나도 놓치지 않고 글로 쓰고 싶었다.

나는 자연스럽게 국문학과에 진학했고 계속 글을 쓰는 가운데 시인으로 등단하고 시집도 여러 권을 출간했다. 게다가 중·고등학교에서 청소년들과 함께 생활하게 되었으니 이런 것이 성공적인 삶이 아닌가 하는 생각이 든다.

세상과 함께하는 꿈

비전과 꿈, 희망을 가장 많이 이야기하는 때가 청소년기다. 이 시절에는 가진 것이 없어도 모든 것을 다 가진 것 같다. 왜냐하면 모든 가능성이 열려 있고 펼쳐져 있기 때문이다. 그래서 자신의 노력에 따라 꿈이 현실로 이루어지기도 하고 헛된 망상(妄想)으로 끝나기도 한다. 우리는 비전의 의미를 개인의 꿈과 욕망이라고 오해하기도 한다. 그러나 비전은 그렇게 편협하지 않다. 비전은 개인의 욕망과 꿈을 벗어나는 데 그 본질적인 의미가 있다. 즉, 나만 잘 먹고 잘살기 위해 꿈을 이루는 것은 일차적인 자기 욕구의 실현은 될 수 있지만 비전은 아니다. 비전은 자신의 목표를 이루고, 그 목표는 타인을 위한 것이어야 한다. 또한 공동체를 위한 것이어야 한다.

우리는 보통 "돈 벌어서 남 주냐?"고 말하지만, 제대로 말하면 "돈 벌어서 남 주자!"이다. 쉽게 얘기하면 "돈 벌어서 남 주냐?"는 이기적인 욕심이고, "돈 벌어서 남 주자!"는 이타적인 삶이다. "공부해서 남 주냐?"가 아니라 "공부해서 남 주자!"가 되어야 한다. 이것은 결코 손해 보는 일이 아니다.

생각해 보자. 내가 돈을 벌어서 남에게 주려면 얼마나 많은 돈을 벌어야 하는가? 내가 공부해서 남에게 주려면 얼마나 많은 공부를 해야 하는가? 결국 남을 위한 삶이기 전에, 자신을 위해 최선을 다하고 열심히 살아갈 때 성공도 하고, 이웃도 섬기는 삶이 될 것이다.

세상 사람들은 출세하고 싶어 한다. 그들의 출세는 자기 주관만을 내세우고 자기 목소리만 높이는 것이다. 그러면 힘없고 가난한 사람들은 외면 받으며 살 수밖에 없다. 우리가 이타적인 정신으로 공부하고 타인을 배려하는 마음으로 돈을 벌 때 비전은 이루어진다.

세계 최대의 부자인 마이크로소프트사의 빌 게이츠 회장은 자신의 전 재산 중 5퍼센트만 남기고 모두 사회에 환원했다. 빌 게이츠와 쌍벽을 이루는 미국의 기업인이자 투자가인 워렌 버핏 또한 구제 사업을 활발히 하는 사업가로 유명하다. 세계적인 거부들이 자선사업에서도 큰 움직임을 보인 것이다.

벌 줄을 알면 잘 쓸 줄도 알아야 한다. 잘 버는 것보다 중요한 것은 잘 사용하는 것이다. 여러분도 많이 벌고 어려운 사람들을 위해 멋지게 기부할 줄 아는 명품 인생의 주인공이 되기를 바란다.

목표 : 세상과 함께하는 꿈

좋은 열매를 맺기 위한 준비

배우 윤다훈의 이야기는 우리에게 잔잔한 감동을 준다.

어린 시절 윤다훈은 구두닦이를 하며 가난하게 살았다. 그러나 여느 구두닦이 친구들과는 달리 그에게는 꿈이 있었다. 바로 배우가 되겠다는 꿈이었다. 주제를 알라며 친구들이 놀리고 손가락질해도 자신의 꿈을 위해 부단한 노력을 아끼지 않았다. 구두 닦는 일을 하루 쉬면서까지, 일주일에 한 번은 꼭 연기학원에 나갔다. 그에게는 당장 먹고 사는 문제보다 자신의 꿈을 향해 한 걸음씩 나아가는 것이 더 중요했던 것이다.

꿈을 이루고자 할 때 요구되는 것이 있다. 그것은 인내와 소망이다. 인내하며 끝까지 최선을 다할 때 꿈을 이룰 수 있다. 친구들의 조롱과 비아냥거림에도 흔들리지 않고 목표를 향해 나아갔고, 결국 배우가 되었다. 하지만 구두를 닦으며 현재에 만족했던 친구들은 그가 텔레비전에 나오는 것을 부러워하며 보았을 것이다. 아이들은 이 이야기를 진지하게 들었다.

청소년들이여! 현재의 삶에 만족해하지 마라. 여러분에게는 미래가 있고 그 미래를 가꾸어 나갈 힘과 지혜와 능력이 있다. 지금의 삶은 준비의 과정이요, 단련의 과정이요, 성숙을 위한 과정일 뿐이다.

밤늦게까지 독서실에서 공부하고, 길을 걸으면서도 책을 보고, 학교 수업을 마치면 과외와 학원, 인터넷 강의에 매달리는 요즈음의 아이들은 한 마디로 공부의 홍수 속에 살고 있다. 하지만 이런 노력을 통해 목표를 향해 한 발씩 전진하고 있는 것이다. 지금은 전력투구해야 하는 노력의 순간일 뿐이다. 그런 가운데 꿈과 목표는 점점 현실로 다가오고 있다.

광민이는 고3 졸업반이다. 연극을 전공하는 광민이는 성적도 우수하고 연극에 대한 열정도 대단하다. 그러나 힘겨워한다. 연극과 공부, 두 가지를 소화해야 하기 때문이다. 그러나 대견하게도 현재에 최선을 다한다. 미래를 향한 날갯짓은 목표를 이루게 되는 결실로 이어질 것을 기대하면서 말이다.

지금은 준비하고 꿈꿀 때

새 학기가 시작되고 3개월 남짓 지날 무렵, 아이들의 결심도 느슨해지고 목표도 희미해지는 경우가 많다. 그러면 나는 아이들에게 백지를 나누어주고, 지난 시간을 돌이켜보고 앞으로 할 일들을 다시 한 번 결심하며 적어 보라고 한다. 이때 얻어지는 것이 있다. 그리고 새롭게 발견하게 되는 것도 있다. 말로 표현

목표 : 세상과 함께하는 꿈

할 때와는 달리 매우 강하고 결단력 있는 결심을 하게 된다는 것
이다.

몇몇 아이들의 이야기를 들어보자.

다시 한 번 언어 독해 완전 복습해서 구조 독해의 지존이 될
것이다. 언어 만점이 목표다. 목표에 맞는 행동만 하자. 워드
마스터를 하루치씩, 10년 동안 단어장 한 번 제대로 못 봤는데
이번이 마지막 기회다. _동하

담배를 지금 피우는 것의 절반으로 줄이자. 오늘부터 절대로
독서실에 빠지지 말자. 지나간 여자 친구에 대해 더 이상 미련
갖지 말자. _남엽

한 번 지운 게임은 다시 하지 않는다. 월드컵에 신경 쓰지 말
자, 나중에 다른 사람을 도와주는 대박 사장이 되겠다는 꿈을
이루자. 시간을 허비하지 말자. _대환

나는 자랑스러운 조국에 모든 사람이 핍박 받고 고통 받지 않
도록 나의 일생을 바칠 것이다. 내가 행복하게 살아온 만큼 사
랑하는 모든 사람들이 행복할 수 있도록 도울 것이다. 이 세상

에 평화가 오고 사랑이 넘치게 할 것이다. 그리고 그 전에 나를 완성시킬 것이다. 모든 사람이 자기 자신을 사랑하는 만큼 남을 사랑하게 할 것이다. _성철

가끔씩 자기가 추구하며 나아가고자 하는 목표를 상기하고 결심을 다지는 일은 매우 중요하고 반드시 필요하다. 목표를 정했을 때 그것을 향한 방향의 중요성도 간과하면 안 된다. 자동차가 우회전할 때 우회전 하고, 좌회전할 때 좌회전을 해야 하듯이, 우리도 인생의 목표를 향해 달려갈 때, 가야 할 때를 제대로 정하고 멈출 때와 방향 전환이 필요한 때를 잘 파악해서 나아가야 한다.

청소년은 자신의 꿈을 분명하게 정해야 한다. 그리고 그 꿈을 이루기 위해 실질적인 준비를 해야 한다. 청소년기는 준비하는 때다. 잘 준비해서 선한 영향력을 발휘해야 한다. 세상을 바꾸고도 남을 만한 진정한 실력자로, 헌신자로 살아가려면 많은 준비가 필요하다.

그러기 위해서는 목표를 이루기 위한 끊임없는 노력이 뒤따라야 한다. 자신의 현재 실력을 보고 그 위치에서 목표를 설정하기보다는 내 속에 잠재되어 있는 무한한 가능성을 믿고 노력할 때 성취할 수 있는 목표를 설정하기 바란다. 정해졌다면 그 목표를

향해 끊임없이 노력하라.

위기는 기회다

항상 함께 다니던 친구 아홉 명이 모두 대학에 진학할 때 미진이 혼자만 떨어졌다. 그 소외감은 이루 말할 수 없었고 좌절감도 컸다. 도대체 자기에게 왜 이런 일이 생기느냐고 울기도 많이 했다. 미진이는 간호사가 되고 싶었다. 간호사인 어머니의 영향을 받은 듯하다. 결국 재수를 해서 대학에 진학했고, 현재 간호학과에서 열심히 공부하고 있다.

어느 날 미진이가 학교로 나를 찾아왔다. 친구들이 모두 대학에 합격하고 자기만 떨어졌을 때는 너무 절망했는데, 그 시간은 자신보다도, 아버지를 변화시키는 계기가 되었다고 고백했다.

미진이가 고등학교에 다닐 때 미진이 아버지는 도박과 술에 빠져 있었다. 그로 인해 집에 들어오지 않는 날도 많았다. 미진이는 아버지에 대한 불만과 그리움이 컸다. 단 한 번의 살가움도 느끼지 못한 아버지와 딸의 관계였다. 그러던 아버지가 딸이 대학에 떨어지고 상심에 빠져 있는 것을 알고 딸에게 다가온 것이다. 무릎을 꿇고 용서해 달라는 아버지를 부둥켜안고 미진이는

밤을 하얗게 새며 울었다고 했다. 미진이의 대학 불합격이 아버지가 가정으로 돌아오는 뜻밖의 기회가 된 것이다.

　누구에게나 항상 위기는 있다. 실패와 좌절, 실망과 아픔이 자리할 때가 있다. 미진이가 절망 가운데 있을 때 아버지의 회복이라는 희망의 기회가 찾아온 것처럼, 우리의 앞에 실패가 있을지라도 그것은 또 하나의 회복과 발전의 기회가 될 수 있다.

　우리는 어려움을 당할 때 낙담할 필요가 없다. 실망할 필요도 없다. 다만 그 실패의 원인을 분석하고, 그런 일이 다시 생겼을 때 대처할 수 있는 지혜를 찾으며 준비하면 된다.

　위기의 다른 표현은 기회다. 위기가 올 때 반드시 기회도 함께 온다. 위험을 향해 나아갈 때는 벼랑으로 떨어지지만, 기회를 얻으면 다시 오를 수 있고 다시 한 번 성장의 길로 접어들게 된다. 개구리가 뛰기 위해 몸을 움츠리는 것처럼 우리도 잘 준비해서 오는 기회를 잘 잡아야 한다.

　헬렌 켈러의 말을 가슴으로 읽어보자.

　"행복의 문 하나가 닫히면 다른 문들이 열린다. 그러나 우리는 대개 닫힌 문들을 멍하니 바라보다가 우리를 향해 열린 문을 보지 못한다."

　청소년들이여! 힘들어도 다시 한 번 힘을 내기 바란다. 실패의 과정, 어려움의 과정, 아픔의 과정이지만, 미래를 더욱 단단하고 아름답게 살아갈 수 있는 강한 의지를 다지는 시간이다. 어려움은 한층 업그레이드 된 미래를 꿈꾸게 할 것이다.

실패가 와도 굴하지 않기를 바란다. 무릎 꿇는 것이 좌절과 실망 때문이 아니라, 다시 일어서기 위한 소망과 희망으로 기도하는 무릎이 되기를 바란다.

비전을 포기하지 말자

세계적으로 유명한 스탠퍼드 대학교. 우리나라에서 잘나간다는 특수 고등학교를 졸업해도 갈까 말까 한 그 대학에서 3년 6개월 만에 영문학과 창작문예 부문 석사과정을 모두 A+ 학점으로 최우수 졸업한 한국인이 있다. 바로 가수 에픽하이의 타블로(본명 이선웅)다.

타블로는 어렸을 때부터 음악을 좋아해서 가수가 되고 싶었다. 그러나 그의 부모는 반대했다. 타블로는 그때부터 열심히 공부해서 스탠퍼드 대학에 들어갔고 석사과정을 우수한 성적으로 졸업했다. 타블로의 아버지와 어머니는 '얘가 이 정도면 무슨 일을 해도 걱정할 필요가 없겠다'고 생각하고 가수의 꿈을 승낙했다고 한다.

타블로뿐 아니라 자신의 꿈을 이루기 위해 열심히 노력한 사람들의 이야기는 우리에게 감동을 준다. 불굴의 의지가 있을 때 삶은 아름답다.

박지성이나 김연아 같은 선수들도 꿈을 꾸고, 꿈을 이루기 위해 끊임없는 열정과 노력을 쏟아 부었다. 그 결과 국가대표 선수가 되었고 월드컵과 올림픽이라는 세계무대에 진출하게 된 것이다.

비전을 이루어가는 과정에는 반드시 난관이 있다. 난관 때문에 자신의 꿈을 포기하는 것은 있을 수 없다. 부족하지만 노력하며 나아갈 때 꿈은 이루어진다.

"사랑하면 알게 되고 알면 보이나니, 그때 보이는 것은 전과 같지 않으리라."

자신의 꿈에 대해 알게 되면 눈에 보이게 되고, 눈에 보이는 것은 예전에 보았던 단순한 현상과는 다른 것이다. 여러분은 어떤 꿈을 꾸고 있는가? 사람에게는 한 가지 이상의 재능이 있고, 대부분 그 재능으로 인생을 살아간다. 천천히 그러나 방향을 잘 정해서 나아가기 바란다. 시간에 쫓기지 말고 시간에 앞서가라. 그리고 미래의 꿈을 현실로 받아들이고 끊임없이 정진하는 것임을 잊지 말기 바란다.

비전 나누기

학급 아이들과 '명품 인생을 위하여'라는 제목으로 1박 수련회를 했을 때다. 저녁 식사 후에 아이들은 나누어준 백지에 자신의 달란트(재능)를 적고 그것을 통해 이룰 수 있는 일과 이루고 싶은 소망을 적었다. 그리고 한 사람씩 앞으로 나와서 발표를 했다. 천방지축이던 평소의 모습과는 달리 무척 진지하게 이 시간을 채워 나갔다. 아이들은 그때의 소감을 모둠일기에 이렇게 적었다.

"처음으로 나에게 어떤 재능이 있는지 알 수 있는 시간이 되었다."

"막연하게 생각했던 나의 비전을 생각해 보고 또 발견하는 시간이 되었다."

"발표를 하면서 친구들이 어떤 비전과 목표가 있는지 알게 되었고, 내 자신에 대해 생각해 보는 시간이 되었다."

우리는 미래의 꿈과 목표를 정립해야 하고 정해진 후에는 이루기 위해 노력해야 한다. 그러나 대부분 청소년들이 자신의 미래에 대한 구체적인 꿈을 정립하지 못하고 소중한 시간을 흘려보내고 있음을 종종 본다.

목표 : 세상과 함께하는 꿈

직업, 그리고 가장 중요한 것

다음의 설문조사 통계를 참고해 보자.

'현재와 미래에 대한 뚜렷한 목표가 있는가?'라는 질문에 105명이 '분명한 목표가 있다'고 답했고, 204명은 '막연하지만 있다'라고 응답했다.

이 설문조사를 통해 대부분의 청소년들이 막연하게나마 목표가 있다는 것을 알 수 있다. 막연한 목표보다는 구체적이고 현실적인 목표가 성취 가능성도 높다. 막연한 목표는 그만큼 변수가 많은 목표일 것이다. 또 '있지만 자주 변한다'(51명). '목표가 없다'(40명)라는 응답에도 주목해야 할 것이다.

비전과 목표가 없는 삶은 생기도, 활기도, 패기도 없다. 꼭 거창하지 않아도 된다. 자신을 위해, 하고 싶은 혹은 잘 할 수 있는 일을 찾아보자. 작지만 소박한 꿈부터 꾸다보면 그것이 시작이 되어 어떤 꿈의 나무가 될지는 아무도 모를 일이다.

'꿈꾸는 직업은 무엇인가?'라는 질문에 104명이 교육자, 71명이 사업가, 67명이 예술가를 선택했다. 해가 거듭될수록 예술 분야에 대한 청소년들의 선호도가 높아지고 있다. 이어서 회사원(51명), 연구원(32명), 정치인(23명), 연예인(21명), 기타(31명) 순의 응답이 있었다. 기타에는 운동 트레이너, 여행 가이드, 의사, 작가, 커플 매니저, 자영업, 간호사, 물리치료사, 제빵사, 사회복지사, 공무원, 스튜어디스, 호텔 매니저, 스타일리스트, 자동차 관련업, 경호원, 군인 등이 있었다.

교육자나 공무원 같은 직업을 선호하는 현상을 통해 경제가 어려울수록 안정적인 직업을 선호하는 것은 청소년들에게도 예외는 아닌 것 같다. 또 몇 가지로 국한되었던 직업에 대한 동경이 기타 항목에 나타난 것처럼 다양하게 바뀐 것을 알 수 있다. 이것은 다양화 시대, 세계화 시대에 맞는 고무적인 현상이다. 더욱이 자신의 목표와 직업을 이루기 위해서는 꼭 4년제 대학만을 고집하지 않는 청소년들의 가치관의 변화도 감지할 수 있었다.

'살아가는 데 가장 중요한 것은 무엇이라고 생각하는가?'라는 질문에 145명이 건강, 113명이 돈, 52명이 전문적인 기술을 꼽았다. 또 47명이 배우자, 28명이 신앙, 13명이 명예, 11명이 학력, 15명이 기타의 의견을 냈다. 기타에는 의지, 용기, 꿈, 노력, 자신의 만족과 행복, 친구, 행복, 깨달음 등이 있었다.

목표 : 세상과 함께하는 꿈

공부를 하고 돈을 벌지만 살아가는 데 가장 중요한 것은 건강이라고 생각하는 청소년들. 그 소망대로 늘 건강하기를 바란다. 공부를 하고 싶어도 건강 때문에 하지 못하는 아이들을 보면 안타까운 마음을 금할 수 없다. 정신적으로 육체적으로 건강해서 공부뿐 아니라 모든 일을 잘 감당해 내고 비전을 꼭 이루어가는 청소년들이 되기를 바란다.

의미 있게 즐겁게 사는 방법

1. 부지런해라.

부지런한 사람이 성공도 한다. 게으름은 성공의 최대 적이다. 현재에 최선을 다하라. 그리고 시간을 잘 활용해서 열심히 살아라. 뿌린만큼 거둘 것이다.

2. 목표를 세워라.

비전은 내가 세우는 것처럼 보이지만 사실 하나님께서 허락하신 것이다. 내가 생각하는 목표를 이루려고 하기보다는 나를 이 땅에 보내신 그분의 뜻을 이루어 드리려고 노력하라. 이것이 비전을 이루는 일이다.

3. 세상과 소통하라.

세상은 변화무쌍하다. 변모하는 세상에 뒤처지지 않기 위해서는 세상과 소통해야 한다. 균형 잡힌 시각의 신문을 구독하는 것도 세상을 알아가는 좋은 방법이다. 지혜롭고 현명하게 준비해서 세상의 흐름에 앞서 나아가는 열정을 키워보자.

09

외모 :

도대체 외모가 뭐길래

이 세상에서 가장 아름답고 소중한 것은 보이거나 만져지지 않는다.
그것들은 오직 마음으로만 느낄 수 있다.

_헬렌 켈러

외모는 명품 인생을 사는 데 결정적인 역할을 할까? 당연히 그렇지 않다. 사람의 외모는 인격에서부터 나오고 말과 행동에서 풍겨나기 마련이다. 미용을 위해 성형 수술을 해서 예쁘게 보이기보다는, 본 얼굴을 가지고 살아가는 가운데 인격적으로 성숙한 사람이 진짜 명품이다.

에이브러햄 링컨은 40세가 되면 자기 얼굴에 책임을 져야 한다고 말했다. 나이가 들수록 외적인 치장을 아무리 잘 해도 부분적인 위장일 뿐이다. 그러므로 인격과 좋은 성품을 위해 노력해야 한다. 성숙한 인격에서는 향기가 나지만, 미성숙한 인격을 가진 사람의 외모가 아무리 빼어나도 역한 냄새만 날 뿐이다. 보기 좋게 몸맵시를 내고 머리와 얼굴, 옷차림을 훌륭하게 치장해도 역한 냄새는 막을 수 없다. 그래서 우리는 내면의 성숙에 힘써야 한다. 인간의 아름다움은 무엇보다도 내면의 인격에 의해 좌우되기 때문이다.

일그러진 외모지상주의

여학생들의 책가방에는 책보다도 화장품 일체가 소중하게 담겨져 있다. 립글로스, 아이펜슬, 아이라이너, 비비크림, 아이섀도 등. 아침에 화장을 하고, 쉬는 시간에도 화장을 하고, 점심 먹으러 갈 때나 하교 시간이 되기 전에도 화장을 한다.

여학생뿐만 아니라 남학생도 피어싱에 귀걸이와 목걸이를 하고, 심지어는 문신까지 하는 아이들도 있다. 청소년기에는 외모에 신경을 많이 쓴다. 특히 자기 얼굴에 관심이 많다.

자기를 중심으로 세상을 보는 연령대가 사춘기이고 청소년기다. 아이들과 공감대가 형성되지 않기 때문에 어른들의 생각으로 십 대를 설득하기란 쉽지 않다.

졸업을 앞둔 여학생에게 물었다.

"너는 수능고사 끝나면 가장 하고 싶은 것이 뭐니?"

생각할 겨를도 없이 바로 대답했다.

"쌍수할 거예요."

"쌍수?!"

'쌍수'는 '쌍꺼풀 수술'의 줄인 말이다. 얼마 전까지만 해도 성형 수술은 남몰래 하는 것이었다. 그러나 요즘은 '성형 미인'이라는 말이 나올 정도로 성형 수술도 당당하게 하는 것 같다. 그리고 시험 끝나면 다이어트를 하겠다고 결연한 의지를 보이는 학생들도 많다. 요즘은 인생 자체를 다이어트로 사는 것 같다. 다이어트에 성공한 사람을 인생 역전한 인물로 여기기도 하고, 사회적 유명인사로 취급되기도 하는 것 같다. 건강상의 문제로 다이어트 하는 것은 좋은 것이다. 그러나 모델 같은 마른 몸을 위해서 다이어트를 한다는 데 문제가 있다.

언어는 외모다

멋있고, 아름다운 외모를 가지고 살아가는 것은 축복일 것이다. 그러나 명품 인생을 사는 사람은 외모로 승부를 걸지 않는다. 삶으로 나타나는 그 사람의 인격과 언어, 행동이 인생의 성패를 좌우한다.

예쁘게 생겼지만, 말 한 마디로 그 예쁜 외모가 빛을 잃는 경우가 있다. 우리는 언어 사용에 신중해야 한다. 언어는 '마음의 거울'이다. 언어를 잘 선택해 사용하는 습관을 길러야 한다. 좋은 말과 사랑의 언어를 사용해야 하는데, 그렇지 못한 청소년들이 많다.

교문에 들어설 즈음 학생 대여섯 명이 지나가고 있었다. 그때 내 귓가에 들려오는 한 남학생의 또렷한 음성이 있었다.

"아, 씨팔! 좆나게! 잼있더라구."

하하거리며 떠들어대는 아이들 속에서도 그 아이의 음성은 분명하게 들렸다. 순간 내 마음은 부글부글 끓어올랐다. 나는 마

외모 : 도대체 외모가 뭐길래

음을 가라앉히고 그 아이를 불렀다.

"몇 학년이지? 이름은?"

"2학년 김영식이에요. 근데 왜요?"

"영식아, 아까 친구들과 지나가면서 욕하지 않았니?"

"욕이요? 아… 그거요?"

"너, 그 욕의 뜻을 알고 있니?"

"아니요."

봄 햇살이 내리쬐는 교정에서 나는 영식이에게 '씨팔', '좆나게'와 같은 욕에 대한 설명을 상세히 해주었다. 욕에 대한 설명을 막힘없이 하는 나를 보며 영식이는 놀라 입을 딱 벌리고 있었다.

"어때? 이래도 욕하고 싶니?"

"아니요, 선생님. 절대 안 할게요."

"그래? 그럼 나하고 약속하고 이따가 다시 만나자."

"네?"

욕은 이미 우리 아이들의 일상어가 되었고 일상다반사다. 욕을 빼면 아이들은 실어증에 걸릴지도 모르겠다. 특히 문제가 있는 것은 욕의 의미를 정확히 알지 못한 채 사용한다는 것이다. 욕을 하면서 마음이 좋다거나 순수하다는 것은 어불성설(語不成說)이다.

욕도 시대에 따라 변해 '좆나게'는 '존나, 졸라, 열라'로 사용하더니 그 후에는 '조낸'으로 바뀌었다.

개웃겨요

두 딸과 함께 텔레비전을 보고 있었다. 예능 프로그램이었는데 두 딸 아이는 무척 재미있어 했다. 대학생인 큰딸 다솜이가 내 오른쪽 무릎을 치며 깔깔대면서 이렇게 말하는 것이다.

"아빠, 개웃겨."

그때 왼쪽에 있던 둘째딸 고등학생 다빈이도 말했다.

"아빠, 개재밌어."

요즘 아이들은 '개'라는 말을 잘 사용하고 좋아하는 모양이다. '개비싸, 개떠들어, 개늦어.' 심지어는 '개쩔어'라는 말도 쓴다. 나는 아이들이 왜 이렇게 '개'라는 말을 잘 사용하는지 생각해 보았다. 그랬더니 '개'는 욕이 아니라, '매우, 무척'이라는 것을 알았다. 즉, '개맛있어'는 '매우 맛있어', '개떠들어'는 '매우 떠들어'라는 의미다. 이것이 최근에는 '핵재밌어, 핵웃겨, 핵비싸' 등의 '핵'을 사용하기도 한다. 아마도 '핵폭탄'처럼 엄청나다는 것을 과장되게 표현한 것 같다.

애교로 봐줄 수 있는 청소년들의 은어도 있지만, 사랑스럽고 예쁜 말은 깨끗한 마음에서 나온다. 욕설과 비어, 속어를 사용하는 것은 그만큼 아이들의 정신과 마음이 더러워졌다는 뜻이다. 이제 청소년들 스스로가 자신의 언어 습관을 점검하고 올바른 언어를 사용하도록 노력해야 한다.

말은 그 사람의 인격이며 보이지 않는 얼굴이다. 말은 칼날처럼 날카로워 남에게 상처를 입힐 뿐만 아니라, 그 날카로운 말에 본인도 상처를 입게 된다. 그러나 따뜻한 말, 격려의 말은 상처를 치유해 주고 어루만져주는 힘이 있다는 것을 깊이 명심하고 좋은 말을 사용하는 여러분이 되기를 바란다.

아름답게 사는 방법

1. 외모에 현혹되지 마라.

얼굴은 얼(정신)과 꼴(모습)의 결합이다. 즉 정신이 깨끗할 때 모습도 아름답다는 말이다. 외모를 가꾸기 전에 마음을 가꾸라. 깨끗하고 선한 생각을 하도록 하라.

2. 외모와 언어의 관계

청소년들 사이에 욕은 일상다반사다. 욕은 마음속에 분노가 있을 때 드러나는 것이다. 욕을 하는 것은 폭력을 행사하는 것과 같다. 좋은 말을 사용하라. 예쁜 말을 사용하라. 좋은 말과 바른 표현은 품격 있는 사람으로 만들어 준다.

3. 외모와 생활의 관계

단정한 옷차림과 정돈된 모습은 사람들에게 호감을 준다. 상황과 장소, 만나는 사람에 따라 적절하게 외모를 꾸밀 줄 알아야 한다. 세상은 자기 혼자 살아가는 곳이 아니다.

10

공부 :

우리가 공부하는 진정한 이유

어떤 부분에서든 성공하고 유능해지기 위해서는 세 가지가 필요하다.
타고난 천성과 공부, 그리고 부단한 노력이 그것이다.

_헨리 워드 비처

학생들에게 가장 우선시되는 것은 공부다. 공부하는 것은 학생의 의무이고 노력해야 할 일이다. 그런데 목적도 없이 공부 그 자체에만 매달리면 허탈감에 빠지게 된다. 공부에는 반드시 목적이 있어야 한다. 목적이 있어야 공부하는 의미가 있고 즐겁게 할 수 있기 때문이다.

공부의 진정한 의미는 무엇일까? 수능 시험이 끝난 후 아이들이 가장 먼저 하는 것이 교과서와 자습서, 그리고 문제집을 내다버리는 것이다. 시험공부를 위해 가장 중요했던 책들이 가장 먼저 내버려지는 것이다. 이런 현상은 공부가 단순히 시험을 잘 보고 상급학교에 진학하기 위한 도구에 불과하다는 현실을 잘 반영한 것이다.

현실이 이러할지라도 진정한 공부를 해야 한다. 그래서 자신이 전공할 분야를 조금이라도 빨리 정하고, 그 정해진 분야에 매진하며 나아가는 지혜가 필요하다.

나는 중학교 때 한 선생님의 영향으로 글을 쓰고 싶었고 교육계에서 일하고 싶었다. 고등학교 때는 문예반에 들어갔고 학생기자로도 활동했다. 자연스럽게 대학은 국문학과에 진학했다. 그리고 시인으로 등단했고, 국어교사가 되어 청소년들과 만나고 있다.

공부 : 우리가 공부하는 진정한 이유

공부의 목적

공부는 왜 하는가, 단순히 잘 먹고 잘살기 위해서인가, 아니면 자아의 실현을 위해서인가? 공부를 왜 해야만 하는지도 모르고 책상 앞에 앉아 있는 아이들을 보면 가슴이 답답해진다. "일단 대학부터 가고 보자"는 아이들을 만나면 더욱 그렇다. 이런 아이들은 대학에 들어가도 제대로 공부하지 못한다. 자신의 의지로 대학에 온 것이 아니라 성적에 의해 들어왔기 때문이다. 그래도 희망이 있는 것은 이러한 아이들이 많지 않다는 것이다. 아이들을 막연하지만 나름대로 방향을 잡고 공부하고 있다.

공부하는 목적은 자아실현과 사회 공헌, 생계유지 등의 이유가 있겠지만, 궁극적인 목적은 어려운 사람과 소외된 이웃들과 함께 살아가기 위함이요, 세상을 균형 있게 바라볼 수 있는 눈을 갖기 위해서다.

나는 청소년들이 진정한 실력자가 되기를 바란다. 자기의 전공 분야에서 최고의 전문가가 되어서 어려운 이웃을 돌보고 힘들고 지쳐 있는 사람들에게 힘과 용기를 주는 사람들이 되었으면 좋겠다.

나는 지금 근무하고 있는 영훈고의 졸업생이다. 그래서 지금의 학생들은 나의 제자이자 후배들이다. 이 아이들에게 남다른

정을 갖는 것은 어쩌면 당연하다. 아이들과 생활하다 보면 자연스럽게 나의 학창 시절과 현재 나를 둘러싼 아이들과 겹쳐 회상될 때가 있다.

내가 영훈고 학생이었던 1970년대 후반과 80년대 초반에는 통행금지가 있었다. 딱히 공부할 공간이 없어서 나는 거의 모든 시간을 학교에서 보냈다. 특히 한 무리를 이루었던 일곱 명의 친구는, 새벽에 먼저 학교에 나와 자리를 잡는 것이 공부를 잘하는 것인 양 경쟁하며 통행금지가 해제될 무렵에 학교로 달려 나오곤 했다. 나도 그 경쟁에 함께했고, 새벽잠이 별로 없던 나는 친구들보다 제일 먼저 학교에 나오는 날이 많았다. 그럴 때면 하루 종일 뿌듯했다.

그 당시에도 대학 입학시험에 대한 부담감과 공부에 대한 중압감은 지금과 별반 다르지 않았다. 열심히 공부하고 싶은 마음과 어쩔 수 없이 해야만 한다는 부담감에 자살을 선택하는 학생들도 있었다. 공부는 자기의 꿈과 소망을 키우며 미래를 위해 하는 것인데, 대학에 가야만 한다는 생각으로, 방향을 잡지 못하고 좌충우돌하는 청소년들도 많이 있었다.

지금의 상황도 크게 달라지지 않았다. 공부하는 환경이나 교육 현장의 의식은 나아졌을지 몰라도 입시에 대한 부담이나 수험생의 마음은 그때나 지금이나 같을 것이다. 아니 그때보다 더

공부 : 우리가 공부하는 진정한 이유

한 것은 지금의 아이들은 학교에서 야간자율학습이 끝나면 독서실이나 학원으로 이동한다. 집에 들어가는 시간은 새벽 한두 시, 말 그대로 집은 잠만 자는 곳이고, 아이들은 파김치가 된 몸으로 잠시 누웠다가 다시 학교에 오는 것이다.

이런 모습을 보면 안타깝고 불쌍하기도 하지만 한편으로는 대견스럽기도 하다. 우리 아이들은 공부를 잘하고 싶어 한다. 입시 정보에도 귀 기울이고 시험 때만 되면 공부 잘하는 친구의 책과 필기 공책을 베껴서라도 잘해 보려고 한다. 한 마디로 열정이 있다. 청소년의 열정은 뜨겁고 강하다. 이 열정과 비전이 함께할 때 그 비전은 이루어지고 아름다운 결실로 이어질 것이다.

학교와 학원을 넘나들며

어제 오전, 지친 몸을 이끌고 논술학원을 알아보려고 이곳저곳을 기웃거렸다. 그러나 내가 얻은 것은 실망과 허탈뿐이다. 유명하다는 논술학원, 좋다는 논술학원도 모두 마음에 들지 않았다. 수능과 내신, 논술의 비중이 같아지고 있는 현 시점에서 수험생인 나는 무엇인가 조치를 취해야 한다는 조급함에 큰 기대를 하고 멋지게 집을 박차고 나왔지만, 학생을 돈벌이로만 보는 만족스럽지 못한 학원들과 갑자기 심해진 황사에 시간만 낭비했고 피곤하기만 하다. 집에 와서 생각해 보니 이건 아니라는 생각이 들었다.

한 나라의 정치인이 되겠다는 녀석이 국가정책인 사교육 줄이기에 동참하지는 못할망정 한 술 더 뜬 행동을 하고 있다니 내 자신이 부끄러웠다. 공부 방법이 없는 것도 아니다. 나에게는 교육방송이 있다. 월요일부터 그 방송을 들으려 한다. 중요한 첨삭은 학교 선생님들께 부탁하면 될 것이다. 난 정말 하늘 아래 부끄럼 없이 살고 싶다. 항상 정직하고 올바르게 살려고 노력해 왔고 앞으로도 그렇게 살 것이다. 그리고 대학에 당당하게 합격해서 이렇게 말할 거다.

'어중이떠중이도 다닌다는 논술학원! 나는 그런 데 안 다니고도 대입 논술 내 힘으로 통과했다.'

시작이 반이다. 그러나 작심삼일(作心三日)이 되면 곤란하다. 진인사대천명(盡人事待天命)을 외친다. _고3, 장하

장하와 같은 수험생들은 매일 거의 같은 생활을 한다. 다람쥐 쳇바퀴 돌듯이 의미 없는 생활을 하는 것처럼 보인다. 그러나 청소년들에게는 비전과 꿈이 있고, 그것을 향해 나아가는 과정이 이런 날들이기에 이겨낼 수 있고 인내할 수 있는 것이다.

세월이 흘러도 변하지 않는 것이 수험생의 위치인 것 같다. 주변에서 대접해 주는 것 같은데 본인만이 느끼는 외로움, 쓸쓸함 같은 것 말이다.

내가 고등학생이었을 때, 수업 시간에 기술 선생님께서 칠판에 '高三人乎'라고 큼지막하게 쓰셨다. "고3이 사람이냐?" 수험생은 사람이 아니라는 그 말이 왜 그렇게 당연하게 들렸는지 모르겠다. 그러나 교사가 된 다음에는 이 말을 이렇게 바꾸었다.

"高三人也! 고3도 사람이다."

나를 가장 괴롭히는 것

학생 400명을 대상으로 한 설문조사에서 나타난 결과다.

'현재 나를 가장 괴롭히는 것은 무엇인가?'라는 질문에 공부(314명)라고 응답한 아이들이 가장 많았고, 이어서 물질 문제(42명), 이성 문제(20명), 건강(10명), 가정 문제(6명)의 순으로 나타났다. 기타(8명) 의견으로는 친구와의 관계, 심리적 문제, 공부를 방해하는 유혹, 대학 진학, 교육 체제, 컴퓨터 등이 있었다.

'자신을 괴롭히는 문제를 어떻게 해소하는가?'라는 질문에는 혼자 고민하며 삭힌다(161명), 친구를 만나 상의하거나 털어놓는다(152명), 술이나 담배 등으로 푼다(31명), 노래방에 간다(25명) 순으로 조사되었다. 기타로는 "크게 웃어 버린다, 농구한다, 먹는다, 부모님과 상의한다, 노래를 듣는다, 교회에 간다, 컴퓨터를 한다, 잔다' 등이었다.

우리 아이들을 가장 괴롭히고 있는 것은 단연 공부였다. 공부 때문에 받는 스트레스가 대부분이었고 그로 인한 질병도 아이들을 힘들게 했다. 그런데 청소년들에게는 '자신을 괴롭히는 것'을 해소할 건강한 방법은 없는 것 같다. "혼자 고민하며 삭힌다"가 응답자 400명 중에서 161명이 이 응답을 했으니 말이다.

공부는 필요한 것이고 꼭 해야 하지만, 청소년들에게는 버거운 큰 짐인 것은 분명하다. 더구나 그로 인한 스트레스를 대부분 혼자 삭힌다는 것은 심각한 상황이 아닐 수 없다.

아이들의 일기

한 장 한 장 채워져 가는 달력에서 시간에 끌려가는 과거의 나를 찾는다. 아직 나는 심연의 저편으로 사라지지 않았다. 그래도 꽤 멀리 있다. 나는 시간을 거슬러 갈 수 없는 존재이기에 달려가 잡을 수는 없다. 늘 그렇게 일상을 흘려보낸다. 달력 속 28일에는 붉은 X표가 되어 있다. 이대로 흘려보내기에는 너무 아쉽다. 힘겨운 오늘이었던 어제가 그렇게 사라지면 또다른 오늘이 대신하는 의미 없는 반복…….

문득 어제가 싫어진다. 내일도 싫어진다. 심연과 어둠도 가릴 수 없는 나의 시간이 나타난다. 무엇으로도 빼앗아갈 수 없는 나의 땅을 발견한다. 멀어 보이는 기억이 손만 뻗으면 주르륵 끌려올 것만 같다. 결국 하루는 하루일 뿐 그 무엇의 어제도 아님을 깨닫는다.

내 앞에는 아직도 시간이 남아 있고 하루하루가 쌓아올린 지금의 나는 다른 누구와 비교해도 불리하지 않다. 내 인생 그 어떤 하루도 좌절로 채우기에는 너무 아깝다. _고3. 조민호

너는 지금 달음질치고 있는가?
원점을 향해서 줄달음치는 생의 소용돌이에 휩싸이지는 않았

는가?

너는 알고 있는가?

만남과 헤어짐을…….

너는 생각하고 있는가?

자신의 존재 가치를…….

어설프게 찾아오는 외로움에 몸부림치는 아이가 되었는가?

눈물을 뚝뚝 흘리는 바보가 되었는가?

너는 왜 아무 말도 못하는가?

모든 것을 잊어버린 망각 속에서 살고 있는가?

너는 사랑하고 있는가?

종잡을 수 없는 삶 속에서 죽어 가는 모든 것들을…….

어색한 현실 속에 아직도 피노키오의 몸놀림이 계속되고 있는

가? _고1. 영아

파란 가을 하늘처럼

무섭기로 소문 난 한문 과목의 양 선생님께서 교무실로 들어
오셨다. 그런데 선생님의 분위기가 심상치 않다. 나는 무슨 일이
있나 하는 마음으로 양 선생님을 바라보았다.

양 선생님은 불같이 화끈한 성격이라 매도 잘 들고 야단도 많이 치신다. 그러나 실력이 뛰어나고 의리가 있어서 아이들은 졸업 후에도 양 선생님을 많이 찾아온다.

"아니, 최 선생. 애들이 왜 그 모양이야?"

나는 한참 연배가 높은 양 선생님의 큰 소리에 반사적으로 일어나며 되물었다.

"왜 그러세요? 양 선생님. 무슨 일 있으셨어요?"

사심 없이 대화를 나누던 사이인지라 화가 난 듯한 그분을 대하는 데도 불편하거나 어색함은 없다. 아이들이 무슨 잘못을 저질렀나 하는 생각을 잠시 했다.

"최 선생 반 애들이 한문 숙제를 거의 안 해 왔어. 게다가 해 온 놈들은 남의 공책에다가 이름을 바꿔 놓고 말이야. 이래서야 되겠어?"

나는 영훈고에 와서 처음으로 1학년 여학생 반을 담임했다. 그동안 생각해 왔던 열린 수업을 지향했고, 학급 운영도 유익하고 재미있게 하려고 했다. 나름대로의 개성을 살리며, 조화를 이루는 아름다운 반을 만들어 갔다. 함께 모둠일기도 쓰고 생일축하를 하면서 친밀한 관계 속에서 즐겁고 활기차게 학교생활을 하자고 아이들과 약속했었다. 아이들은 잘 따라주었고, 공부도 열심히 잘해 주었다. 매일매일 즐거운 날들을 보내고 있었다.

그런데 숙제를 안 해오다니 더구나 남의 공책에 이름만 바꾸다니……. 이것이 사실이라면 진실과 정의를 내세운 내 생각에도 당연히 위배되는 것이다.

"양 선생님. 정말 죄송합니다. 제가 아이들과 이야기해 보겠습니다. 정말 선생님 말씀대로 아이들이 그렇게 했다면 당연히 야단맞아야죠. 아이들과 이야기한 후 다시 선생님께 말씀드리겠습니다."

이 말을 듣고도 양 선생님은 화가 풀리지 않은 것 같았다. 학생들이 선생님을 속이려 한 것을 알았을 때의 배신감은 말로 표현할 수 없을 정도로 충격이다. 아마도 양 선생님은 그런 불쾌감과 허탈감을 맛보고 있을 것이다.

나는 7교시 자율학습시간에 교실로 갔다. 그리고 바른 자세로 앉도록 했다. 다소 경직된 내 모습에 아이들은 뭔가 심상치 않음을 느끼는 것 같았다.

"한문 선생님께서 뭐라고 하셨나 보네."

무슨 낌새를 알아차린 아이들은 잠시 술렁거렸다.

"애들아, 오늘 선생님과 이야기 좀 하자. 짐작은 했겠지만 한문 선생님께서 단단히 화가 나셔서 말씀하시더구나. 너희들 나쁜 놈들이라고 말이야. 선생님을 속이려 했다면서? 내 생각에도 너희들이 잘못한 것 같은데 너희 생각은 어떠니?"

공부 : 우리가 공부하는 진정한 이유

그때 다소 비판적인 상희가 외치다시피 말했다.

"선생님, 한문 숙제는 할 수 있는 분량이 아니에요. 얼마나 많은지 아세요? 그 숙제를 다 하다가는 다른 공부나 숙제는 할 수가 없어요."

아이들도 동의한다는 눈빛을 보내며 볼멘소리를 했다. 아이들에게도 나름의 이유가 있었다. 한문 숙제를 포기하고 다른 공부를 해서 야단맞는 것을 택한 것이다. 아이들의 상황은 어느 정도 이해되었지만 올바른 방법이 아니었다.

한문 선생님께서 아이들의 상황을 잘 알지 못하고 과하게 숙제를 내주신 것일 수도 있다. 그렇다고 해서 아이들 앞에서 선생님의 실수라고 할 수는 없는 일이다. 나는 마음이 그리 좋지 않았다. 숙제를 못했으면 떳떳하게 야단맞고 벌을 받으면 될 것을, 아이들은 그 순간을 모면하기 위해 비겁한 방법을 쓴 것이다. 그것이 안타깝고 화가 났다.

진실하고 정직하게 살아가야 할 아이들이 선생님을 속이려 했다는 것은, 어떤 식으로든 정당화될 수 없는 옳지 못한 일임을 깨우쳐 주고 싶었다.

"너희들 아무래도 안 되겠다. 반성을 하지 않는구나. 오늘 선생님한테 혼나야겠어. 모두들 운동장으로 집합 해."

이런 일이 한 번도 없었기 때문에 아이들은 무척 당황스러워했다. 아이들은 운동장 한 켠에 4열 횡대로 서 있었다. 1학년 여학생들이 벌을 서려고 운동장에 모여 있는 것을 재미있다는 듯이 지나가던 학생들이 쳐다보며 놀리기도 했다. 운동장에 집합시킨 후 계단 위에 서서 아이들을 내려다보며 마음을 가다듬었다. 모두 모인 것을 확인하고 큰 소리로 말했다.

"이 녀석들! 정말 너희가 잘못한 게 없단 말이냐? 선생님을 속이려고 한 것이 잘못이야. 오늘은 나도 너희들에게 실망했다. 앞으로 다시는 거짓말과 거짓 행동을 하지 않겠다는 사람만 선생님이 때리는 매를 맞도록 해. 그렇지 않고 억울하다든가 매를 맞지 못하겠다는 사람은 옆으로 나와 서라. 그런 사람은 안 맞아도 좋으니까."

아이들은 내가 매를 든다는 사실에 당황하는 기색이 역력했다. 그러면서도 꼼짝하지 않고 나를 주시하고 있었다. '우리 담임이 저럴 수가…' 하는 의아함과 묘한 감정이었을 것이다. 나는 매를 들고 앞줄부터 손바닥을 한 대씩 힘껏 내리치기 시작했다.

"딱, 딱."

매를 맞은 아이들은 손을 비비며 자리에 주저앉아 얼굴을 찡그리면서 아픔을 드러냈다.

"이 녀석들아, 아프냐? 선생님 마음은 더 아파, 나쁜 녀석들!"

나는 울고 있었다. 아이들의 아픔이 느껴졌기 때문이다. 취업과 입시 경쟁이 치열한 나라에 태어나 하고 싶은 것을 못하고 그저 대학만 바라보며 힘들게 살아가는 아이들. 베껴서라도 검사 받아야 하는 과다한 숙제, 성적, 친구와의 관계로 인한 고민, 불투명한 미래에 대한 불안감 등. 아이들이 감당해야 할 이런 문제들을 생각하면 가슴이 먹먹해진다. 아이들의 아픔이 느껴지자 불쌍해지기 시작했다. 나는 흐르는 눈물을 애써 감추었다. 아이들에게 보여 주고 싶지 않았다.

"모두들 눈 감고 똑바로 서 있어. 그렇지 않으면 한 대씩 더 때릴지도 몰라."

몇 명의 아이들은 울고 있었고, 대부분의 아이들은 눈을 감고 있었다. 서너 계단 위로 올라 선 나는 아이들을 향해 말했다.

"얘들아, 나는 너희들을 누구보다 사랑한다. 오늘은 나도 하고 싶지 않은 방법을 사용했는데 많이 아프지? 앞으로 살아가면서 오늘 이 순간을 잊지 않았으면 좋겠다. 진실과 정의를 지키는 것 말이야. 작은 것 하나부터 실천해야 하지 않겠니?"

아이들은 조용히 내 말을 듣고 있었다. 그때 아이들 뒤로 펼쳐진 10월의 파란 가을 하늘이 눈에 들어왔다. 내 가슴은 새로운 희망과 기대로 한껏 부풀어 올랐다.

"얘들아, 눈 감고 모두 뒤로 돌아보겠니?"

아이들은 그 자리에서 뒤로 돌았다.

"고개를 들어. 더 높이. 그래, 이제 눈을 떠 봐."

아이들은 영문도 모른 채 시키는 대로 했다. 아이들의 눈은 하늘을 향해 있었다.

"얘들아, 무엇이 보이니? 넓고 푸른 가을 하늘이 보이니? 선생님은 너희들이 저 푸른 하늘과 같다고 생각한다. 앞에 놓여 있는 여러 문제들과 힘든 상황을 보지 말고 너희 앞에 펼쳐진 가을 하늘 같은 미래를 보고 그것을 향해 힘껏 달려갔으면 좋겠다. 모두들 알겠지? 우리 힘내자!"

힘주어 말하는 내 목소리는 이미 간헐적인 울음소리로 바뀌어 있었다. 가을 하늘을 쳐다보는 아이들도 모두 울고 있었다. 말 못할 설움, 힘겨움, 공부와 성적에 대한 중압감들이 사라지는 순간이었다.

주저앉아 우는 영미와 혜진이, 엉엉 소리 내어 우는 보라, 그리고 훌쩍이는 아이들. 그 아이들을 지켜보는 내 눈에는 가을 하늘을 통해 전달되어 오는 사랑과 회복의 눈물이 쉴 새 없이 흘러내리고 있었다.

나름대로의 생각을 가지고 사는 아이들. 그것이 어른들의 입장에서는 말도 안 되는 철학일지 몰라도 아이들에게는 어떤 진리보다도 중요한 의미가 있다는 것을 느낀다. 어른들의 백 마디보다 친구의 한 마디가 더 위로가 된다. 그래서 아이들은 자신들의 공간을 찾고 싶어 한다. 학교 앞 떡볶이 집이나 패스트푸드 가게에서 끼리끼리 모이는 것도 음식을 먹기 보다는 자신들의 이야기를 터놓고 말하고 싶기 때문일 것이다. 늦은 시간 집에 들어가지 않고 동네 놀이터를 찾는 것도 같은 이유다. 어른들은 이런 사실을 모르고 불량 청소년이니 거리를 배회한다느니 하지만, 그들만의 고민과 걱정거리가 있는 아이들은 그렇게 해서라도 해소하고 싶은 것이다.

하지만 그런 가운데서도 아이들은 열심히 공부하고 싶어 한다. 주위 환경을 탓하며 불만스러워할 수도 있지만 이겨 내려고 노력한다. 우리 아이들에게는 희망이 있고 소망하는 목표를 이룰 미래가 있다. 그 소망을 절대로 잊어버리지 말기 바란다.

준비할 때의 기쁨

나는 중학교 때 교육 계통에 일하는 것과 글을 쓰는 사람이 되겠다는 목표를 세웠는데, 모두 이루었다. 그래서 내가 소망하는 것을 이룬 것에 대해 정말 감사하며 살고 있다. 곰곰이 생각해 보면 이루어진 결실도 감사하지만 더욱 기쁜 것은 그 과정에 있었다.

보잘것없는 나만의 철학이지만 문학관을 역설하고 밤늦게까지 친구들과 진리와 정의, 자유를 토론하며 밤을 하얗게 새웠던 그 시절은 단순히 아름다운 추억이 아니라, 현재의 나를 잉태한 단련의 과정이었고 훈련이었기 때문이다.

자기가 하고 싶은 학문을 하는 것이 진정한 공부다. 단순히 시험을 위해, 상급학교 진학을 위한 것은 참다운 공부라 할 수 없다.

자신이 무엇을 전공하고 어떤 분야로 나아갈 것인지를 정하라. 그리고 한 우물을 파고 나아가라. 대학은 바꾸어도 되지만 전공 학과는 바꾸지 마라. 내가 전공할 학문을 통해 내가 형성되고 또 그 일을 통해 내가 이 땅에서 살아갈 것이기 때문이다. 목표가 정해졌다면 최선의 노력을 하기 바란다. 최선을 다할 때, 여러분은 진정한 학문을 닦고 나름대로 성공했다고 자신 있게 말할 수 있을 것이다.

공부해서 남 주는 인생

십여 년 전 중학교에서 담임을 맡았을 때의 일이다. 급훈을 무엇으로 할지 고민하다가 아이들과 상의했다. 회의 끝에 '배워서 남 주자'를 급훈으로 정하고 칠판 위에 급훈 액자를 걸었다. 수업을 마치고 교무실로 들어서는데 한 선생님이 물었다.

"최 선생님, 급훈이 잘못 된 것 아니에요?"

"아니, 왜요?"

선생님은 의아해 하며 묻는 나를 쳐다보았다.

"'배워서 남 주자'가 아니라 '배워서 남 주냐'잖아요. 그래야 열심히 공부하지요."

나는 웃으며 대답했다.

"선생님, '배워서 남 주자'가 맞습니다. '남 주냐' 하면 자기만 잘살겠다는 의미이지만 '남 주자'라고 하면 나도 좋고 남도 좋고 모두를 이롭게 하는 것이니까요. 그리고 남을 줄 정도로 공부하려면 얼마나 열심히 해야겠어요? 안 그런가요?"

그때서야 그 선생님은 고개를 끄덕였다.

"아! 그렇게 심오한 뜻이……."

공부는 남을 주기 위해 하는 것이다. 공부하면 일차적으로는 자신의 소망을 이루고 부모님께는 기쁨을, 가정에는 행복을 가져다준다. 그러나 엄밀히 생각해 보면 공부는 남을 위해 해야 그 의미가 살아난다. 가장 아름다운 인생은 타인을 위해 시간과 건강과 물질과 노력을 아끼지 않는 것이기 때문이다.

나는 여러분이 열심히 공부하기 바란다. 그러나 자신만을 위한 공부가 되지 않기를 더욱 바란다. 나는 여러분이 훌륭한 인물이 되기를 바란다. 그러나 자신의 부와 명예만을 추구하지 않고 보이지 않는 곳에서 이웃을 돌보고 배려할 줄 하는 진실한 사람이 되기를 더욱 바란다.

오른손이 하는 일을 왼손이 모르게 봉사하고, 격려하고 베푸는 인생을 살아가기를 바란다. 이것이 정녕 명품 인생이다. 공부해서 남 주는 명품 인생인 것이다. 공부해서 남 주기 시작할 때 자신의 진짜 실력을 알게 된다. 그 실력이 사랑의 마음과 함께할 때 공부해서 남 주는 인생이 빛을 발하게 된다.

즐겁게 공부하는 방법

1. 진짜 공부를 하라.

성적 1점, 2점을 가지고 다투지 마라. 우기지도 마라. 삶은 1, 2점에 좌우되지 않는다. 근시안적인 공부가 아니라, 멀리 내다보고 공부하는 진짜 공부를 하라. 진짜 공부는 비전을 이루어가는 길이 되어 준다.

2. 공부하는 목적

누구를 위해, 무엇을 위해 공부하는가? 공부는 '남 주기 위해서 하냐'가 아니라 '남 주기 위해서' 하는 것이다. 이기적인 마음을 버리고 힘들고 어려운 이웃을 위해 살기 원하는 이타적인 마음으로 열심히 공부하라.

3. 최선을 다하라.

우리에게는 세상의 지식도 필요하고 중요하다. 그러므로 열심히 해야 한다. 중요한 것은 점수 몇 점 더 받는 것이 아니라, 순간순간 최선을 다하는 것이다. 점수보다 더 중요한 열정과 최선의 노력을 그 순간에 배웠기 때문이다.

11

이성과 친구:

지금은 친구가 필요할 때

진정한 친구를 얻을 수 없다면 나이가 들어갈수록
반드시 고독과 괴로움을 맛보게 된다.
그래서 우리는 항상 우정의 손길을 게을리 하지 말아야 한다.
친구를 냉대하고 부드러운 말 한 번 걸지 않고 우정을 죽이는 자는,
인생이라고 하는 피곤한 순례의 길 위에서 더없이 위로가 될 선물을
일부러 자기 손으로 버리는 어리석은 자다.

_사무엘 존슨

청소년기에 관계를 맺은 대상 중 가장 첫 번째는 당연 '친구'다. 부모를 마음에 담고 있으면서도 진짜 친구가 생기면 목숨처럼 아끼고 좋아한다. 진짜 친구 세 명만 있으면, 그 사람은 성공한 삶을 산 것이라는 말도 있다. 그만큼 친구는 소중하다는 의미다.

영적 교감(交感)과 정신적 소통을 할 수 있는 친구가 있다는 것은 기쁘고 행복한 일이다. 이제는 동성 친구만이 아니라, 이성 친구에 대해서 개방적인 사고(思考)가 팽배해진 때다. 대중문화, 특히 SNS의 보급으로 성인 흉내 내며 사귀는 아이들이 자연스럽게 느껴지기도 한다. 요즘 청소년들에게 있어 이성 교제는 자연스러운 일이라는 것을 염두에 두어야 한다.

요즘 아이들의 이성 교제

3월 14일 화이트데이에 나는 좋아하는 애한테 고백했다. 그런데 그 아이는 사귈 마음이 없는지 그냥 좋은 오빠 동생으로 지내자고 했다. 한 마디로 차인 거다. 정말 많은 돈과 정성을 쏟았는데 안타깝다. 나는 깨달았다. 드라마에서 이런 일을 겪으면 왜 슬퍼하는지 알게 되었다. 그런데 고맙게도 내 곁에는 위로해 주는 친구들이 있어서 마음을 추스를 수 있었다. 친구는 서로에게 힘이 되어 주는 존재란 것도 알았다. 여자 친구는 일 년 후에나 생각해 봐야겠다. 오늘도 기분이 우울했다. 위로해 준 친구들을 봐서라도 태연한 척 하려 했지만 마음 한 구석은 허전하다. 빨리 잊고 평소 생활로 돌아가고 싶다. _고1. 동천

이성 문제로 고민하는 친구들에게 한 마디 하고 싶다. '대학에 가면 멋있는 여자들이 많으니 지금은 부디 공부에 전념해서 대학에 가라.' 그래도 도저히 못 참겠다는 친구에게는 이렇게 말해 주고 싶다. '연애는 시간과 자신과의 싸움이다. 지금 차였다고 해서 상심할 것 없어, 아무 일도 없었던 것처럼 잘 지내면 그쪽에서 먼저 관심을 보일 수도 있지.' _고2, 대웅

어제는 화이트데이였다. 내가 좋아하는 친구는 안산으로 이사를 갔다. 나는 그 친구를 좋아한다. 그래서 지하철 역에서 만나자는 메일을 보내고 사탕을 준비해서 안산으로 갔다. 갈 때는 따분하고 지루했지만 행복했다. 역에서 내려 입구에서 기다렸다. 30분이 지나도 오지 않자 그냥 갈까 하는 생각도 들었지만 계속 기다렸다. '아! 안 오나 보다' 하는 순간 그 친구가 쳐다보며 화를 냈다. 메일 한 통 달랑 보내놓고 바보같이 기다리

느냐고. 친구의 얼굴을 보자 너무 행복했다. 바보라고 해도 너무 좋았다. 그런데 이 행복은 매일 지속될 수 없다. 친구가 다시 서울로 왔으면 좋겠다. 매일 친구의 얼굴을 보면 행복할 것 같다. _고1. 세혁

청소년은 그들만의 청순함과 풋풋함으로 이성 친구를 만나고 사귀고 있다. 그리고 이성 문제로 심각하게 고민하기도 한다. 앞에 나온 동천이나 세혁이만 보더라도 이성 문제로 고민하며 갈등하고 있음을 알 수 있다. 청소년들에게 이런 고민은 자연스러운 것이다. 문제는 그것이 감정으로만 그치지 않을 때. 자신의 감정을 행동으로 드러낼 때 예기치 않은 상황이 발생하기도 한다. 이성과 만나면서 청소년답지 않게 어른 흉내를 내는 아이들도 있다. 마치 이성 교제를 어른들처럼 하는 것이 옳고 멋진 것처럼, 도가 지나친 행동을 하는 아이들이 문제다.

다음의 설문조사를 살펴보자.

'현재 이성 친구가 있는가?'라는 질문에 400명 중 125명이 '있다'고 응답했고, 275명이 '없다'고 응답했다.

예년에 비해 이성 친구와의 만남은 점점 증가 추세에 있다.

아이들은 즉흥적이고 순간적인 만남을 하고 있었다. 만난 지 한 달, 백일 하며 기간을 따지는 것을 보면 만남이 오래 가지 못한다는 것을 알 수 있다. 백일을 만나면 오래 만났다고 기뻐하며 기념식도 하고 친구들에게 축하도 받는다. 금방 만나고 금방 헤어지기 때문에 설문조사에서 이성 친구가 있다는 통계 수치가 적게 나온 것이다. 그러나 대부분의 아이들이 한 번씩은 이성 교제를 경험했으며 그 가운데서 예상치 못하는 일을 겪기도 한다.

동성애 문제

'이성 친구와의 신체적 접촉은 어느 정도인가?'라는 질문에 키스나 입맞춤(129명), 손잡기(88명), 전혀 접촉 없다(70명), 성관계(64명), 포옹(51명), 기타(47명)의 순으로 나타났다.

'이성 친구와의 스킨십은 어느 정도까지 허용된다고 생각하는가?'라는 질문에는 키스나 입맞춤(194명), 성관계(70명), 포옹(47명), 손잡기(27명), 절대 안 됨(21명), 기타(41명) 순으로 집계되었다.

이성과의 만남에서 키스는 보편화되었고, 이성 친구가 없는 아이들조차도 키스까지는 허용해도 된다는 생각이 지배적인 것은, 우리 아이들의 성에 대한 생각이 굉장히 개방적임을 알 수 있다. 더 이상 남녀칠세부동석(男女七歲不同席)을 외칠 수도 없고, 정신적인 친구가 되라고 할 수도 없는 현실 앞에서, 바른 가치관과 기준이 정립되지 않으면, 큰 일이 일어날 수 있음을 간과할 수 없다.

다음의 설문조사 결과를 보면 더욱 우려되는 문제가 발생한다.

'동성애에 대해서 어떻게 생각하는가?'라는 질문에 116명이 찬성을 했고, 73명이 반대했으며, 211명은 '관심 없다'고 응답했다.

'동성애에 찬성한다면 그 이유는 무엇인가?'라는 질문에 '사람이 사람을 사랑하는 것이므로 동성애도 이성애와 같다, 마음이 중요하다, 개인의 취향이다. 우리는 인간이고 사랑할 권리가 있으므로 찬성한다. 인격을 존중해야 한다. 성비가 안 맞으므로 그럴 수도 있다' 등의 응답이 있었다.

타인의 의견을 존중해야 한다는 인본주의 사고방식에 준하여 볼 때 동성애를 '찬성'하거나 '관심 없다'고 답한 아이들이 대부분이다. 그리고 실제로 학교 현장에 동성애자 학생들이 있는 것이 현실이다.

아이들은 순수하게 이성을 좋아하는 것처럼 동성을 좋아할 뿐이라고 말한다. 그러나 동성애는 많은 문제점을 양산한다. 자녀를 낳을 수도 없고 입양 또한 생각처럼 쉬운 일이 아니다. 또한 정상적인 사랑의 관계가 아니므로 성 정체성에 혼란이 생길 수 있다. 우리를 만드신 분이 이러한 상황을 본다면 얼마나 개탄스러워 하시겠는가.

왜곡된 사랑

내가 가르친 학생 중에 이런 제자가 있었다. 동급생 여학생을 좋아해서 쫓아다녔는데 스토커의 시작은 초등학교 때부터였다. 이 남학생은 여학생이 자신을 피한다는 사실을 잘 알면서도 병적으로 따라다녔다. 음료수를 여학생의 책상에 가져다 놓고는 칠판에 '사랑해'라고 큼지막하게 써 놓기도 했다. 나중에 여학생이 관심을 보이지 않고 별 상관을 하지 않자 제 풀에 지쳐 버렸다. 얼마 후 이 남학생은 다른 여학생을 쫓아다니고 있었다.

사회적으로 윤리적으로 잘못된 일들이 학교에서도 일어나고 있다.

미령이와 동민이는 같은 동아리에서 만난 선후배 사이다. 이 아이들이 속한 동아리는 이성 교제를 허락하지 않았기 때문에 몰래 만나다가, 동민이가 먼저 졸업해 대학생이 되었다. 미령이는 입시를 준비하는 고3이었는데, 둘의 사이는 점점 깊어졌다. 그러나 사이가 깊어질수록 동민이는 쾌락 속으로 빠져들었고 미령이를 학대하기 시작했다. 옷을 벗기고 사진을 찍어서 그 사진을 인터넷에 유포하겠다고 협박하며 미령이를 자신의 노예라고 할 정도로 점점 이상하고 폭력적인 아이가 되었다. 미령이는 폭력까지 사용하는 동민이를 두려워했다. 성적 쾌락과 폭력에 빠져들던 동민이의 눈빛은 예전의 순수한 눈빛이 아니었다.

다음은 어떤 선생님의 메일 일부다.

6월 3일에 아이를 만나 병원에 다녀왔습니다. 의사는 임신 8개월째로 접어들었다며 너무 늦게 왔다고 하더군요. 우는 아이를 달래서 잠시 진료실에서 내보내고 의사와 이야기를 나눴습니다. 지금 상황에서는 아기를 낳는 것이 가장 좋은 방법이라고 하더군요. 그러나 부모님은 그것을 원치 않을 테니 빨리 결정해야 한다고 했습니다.

상대 남자아이에 대해서도 물어봤지만, 현재 연락이 끊긴 상태였습니다. 이런 일이 발생한 시점이 수능시험 직후이고 1월까지만 만났다고 했습니다. 주변에 조언을 구했더니 아는 언니가 남자아이에게는 알리지 말라고 했다더군요. 소문낸다고요.

상황이 상황인 만큼 병원을 나와 세 시간 동안 아이를 설득했습니다. 부모님께 말씀드리자고요. 그런데 어머니가 병원에 입원해 계신다고 하더군요. 사실 이것 말고도 말씀드리지 못하는 이유가 있습니다.

가장 극단적인 난관에 봉착할 때가 이런 경우다. 이럴 때 교사의 입장에서는 무슨 말을 해야 할까. 또 당사자인 여학생은 어떻게 해야 할까. 남학생과 연락이 되어 돌아와도 그 학생이 무엇을 어떻게 책임질 수 있겠는가?

이럴 때에는 사태가 더 커지기 전에 부모님이나 선생님과 상의해야 한다. 성은 한순간의 쾌락을 위한 것이 아니다. 사랑을 표현하는 고귀한 방법이고 서로에 대한 책임이 따르는 것이다. 그래서 사랑의 표현은 미래를 함께할, 사랑하는 사람에게만 가능한 것이다.

울보 선생의 명품 인생

친구를 다양하게 만나라

아이들 사이에서 '사귄다'는 말이 공공연하게 나돈 것은 이미 오래전 일이다. 교복을 입은 남녀 학생이 나란히 걸어가는 것도 흔한 일이고, 거리에서 버젓이 손을 잡거나 스킨십도 마다하지 않는다. SNS 상에는 '연애 중'이라는 표현이 뜨고, 카카오 톡에는 교제 중인 남녀의 사진을 자랑스럽게 공개한다. 심지어는 입맞춤과 스킨십까지 동영상으로 공개하기도 한다. 이러한 상황에 대해 청소년들은 부끄러워하지 않고 자랑스러워한다. 오히려 당황해 하는 쪽은 어른들이다.

때로는 동성보다 이성에게 위로와 평안을 누릴 수 있다. 같은 격려도 이성 친구가 할 때 더 효과적 일 수 있다. 이것은 긍정적 효과다. 이런 관계를 통해 아이들은 한층 더 성숙해 갈 것이다. 이런 아이들은 친구들과의 관계도 잘 이끌어간다. 둘만의 만남에 국한하지 않고 공동체의 규칙도 깨지 않는다. 다른 친구들과도 잘 어울리고 좋은 이성 관계도 유지한다.

청소년기에 일대일로 사귀는 것은 좋은 면보다는 염려되는 부분이 많다. 그것은 시야가 좁아지기 때문이다. 일대일의 깊은 만남보다 여러 친구와의 폭넓은 만남이 바람직하다. 한 사람과의 연애가 아니라 다양한 친구들과 다 같이 연애하는 마음으로 성숙해 가야 할 것이다.

지금은 준비해야 할 때

청소년기는 소비할 때가 아니라 준비할 시기다. 더 나은 미래를 위해 열심히 공부하고 실력을 쌓아야 할 때다. 또한 자신의 끼와 재능을 발견하고 그 재능을 최대한 사용하기 위해 노력해야 할 때이기도 하다.

앞의 학생들은 이성 문제로 자신의 미래를 잘 준비하지 못하고 있다. 더욱이 임신 8개월이 된 아이를 뱃속에 둔 엄청난 현실 앞에 여학생의 마음은 어떨까? 후회해도 소용없는 일인 줄 알면서도 불투명한 미래 때문에 암담해 할 것이 틀림없다.

청소년들이여! 어른들의 사랑 놀음에 빠져들지 않기를 바란다. 쾌락과 폭력과 잘못된 가치관은 인생을 파괴할 뿐이다. 우리는 몸과 마음을 정결하게 하며 미래를 준비해야 한다. 성은 고귀하고 신비하고 아름다운 것이다. 그래서 평생을 함께할 인생의 동반자를 만나기 위해 준비하면서 유혹을 이겨내야 한다.

유혹을 이기기 위해서는 목적의식이 분명해야 한다. 분명한 목적의식을 가지고 열심히 노력하여 미래를 잘 준비하자. 잘 준비해서 세상에 나아가 바르고 선한 영향력을 끼치자. 그래서 이 시대의 명품 인생의 주인공이 되기를 진심으로 바란다.

좋아하는 사람과 잘 지내는 방법

1. 다양한 친구를 만나라.

청소년기에 일대일로 사귀는 것은 좋은 면보다는 염려되는 부분이 많다. 그것은 시야가 좁아지기 때문이다. 일대일의 깊은 만남보다 여러 친구와의 폭넓은 만남이 바람직하다. 한 사람과의 연애가 아니라 다양한 친구들과 다 같이 연애하는 마음으로 성숙해 가야 할 것이다.

2. 데이트와 메이트를 구별하라.

정신적 소통보다 육체적인 만남과 교제에서 많은 문제가 발생한다. 데이트와 메이트는 다르다. 데이트는 가볍게 만나는 것이지만 육체적인 접촉을 주의해야 한다. 메이트는 부부처럼 동반의 길을 걷는 관계를 말한다. 특히 성경 창세기 2장 25절에서는 "벌거벗었으나 부끄럽지 않은 관계, 남녀가 한 몸을 이룰 수 있는 것은 부부관계 외에는 없다"고 말한다.

3. 존중하고 배려하라.

이성 친구를 만날 때 존중과 배려가 있어야 한다. 이기적인 마음을 버리고 잘 배려하고 그의 생각과 생활을 존중하면 진짜 친구가 될 수 있다. 이성 친구를 감정적으로만 만나면 오래 만날 수도 없고, 서로 상처만 받기 십상이다.

12

관계:

좋은 관계가 주는 즐거움

사람이 성실한 마음으로 화목을 도모하며,

기쁜 표정과 고운 말씨로 부모 형제를 한몸처럼 뜻이 맞도록 하면,

그것은 호흡을 편히 하고 마음을 가다듬는 것보다 만 배나 더 나은 일이다.

_채근담

우리는 살아가면서 많은 사람들과 이런저런 관계를 맺게 된다. 부모와 자녀, 스승과 제자, 친구, 잘 알지 못한 사람들을 어느 시기에 만나게 되고, 그들과 관계를 맺어가며 살아간다. 누군가를 만나는 것은 매우 중요하다. 왜냐하면 자기의 삶에 영향을 미치기 때문이다. 그런데 그 영향이 좋은 것도 있지만, 그렇지 않은 것도 많다는 데 문제가 있다.

결국 자기 스스로도 좋은 영향력을 미치는 사람이 되어야 하고, 나와 만나는 사람 역시 좋은 영향력을 미치는 사람일 때, 삶은 풍성하고 윤택해진다. 관계 형성은 성공 여부와도 연결된다. 특히 청소년기에는 친구 관계가 중요한 만큼, 어떤 친구를 만나 어떤 관계 맺느냐에 따라 큰 영향을 받을 수 있다.

사랑을 표현하는 것, 그것은 바로 관계 형성의 시작이다. 마음을 담아 표현하도록 노력하자. 그것을 바탕으로 사랑과 진실과 신뢰를 세워 나아갈 때, 내 주변에 격려하는 사람도 많아지고 나 자신도 다른 사람에게 같은 마음으로 격려하며 살게 될 것이다.

관계 : 좋은 관계가 주는 즐거움

함께하는 애정 통신

아이들 사이에 속칭 '롤링페이퍼'라는 것이 있다. 자신의 이름을 쓴 백지를 돌리면 그 친구에게 하고 싶은, 해주고 싶은 말을 써주는 것이다. 짧은 시간에 모든 친구들에게 자신에 대한 소감을 받을 수 있으며, 자신도 써줄 수 있어서 가끔씩 사용하면 좋다. 나는 이것을 '애정 통신'이라고 부른다. 말 그대로 '애정이 가득 담긴 통신문'이라는 것이다.

나는 일 년에 한두 번 애정 통신을 작성하게 한다. 내 것도 만들어서 아이들 것 사이에 집어넣는다. 아이들의 순수함과 재미, 그들만의 문화가 녹아 있는 좋은 의미의 자그마한 행사다.

사람 사이에서 관계 형성은 매우 중요하다. 올바른 관계는 시간에 비례하는 경우가 많다. 자주 연락하는 사람이 그렇지 않은 사람보다 더 가까울 수밖에 없다. 친구들이나 선생님과의 관계는 자신의 노력에 따라 달라지기도 한다. 학교생활이나 사회생활에서 매우 중요한 것은 올바르고 지속적인 관계를 형성하는 것이다.

선배가 후배에게 주는 조언

수학 능력 시험이 얼마 남지 않았다. 고3 학생들은 눈에 불을 켜고 잠을 쫓으며 열심히 공부하고 있다. 시험을 한 달여 남겨 놓은 시점에서 수험생들에게 가장 필요한 것은 무엇일까. 부모는 자녀의 눈치를 살피고 교사들도 학생들의 심정을 최대한 이해하려 노력한다. 서로 스트레스를 주지 않으려는 즈음에 아이들에게 필요한 것은 평안과 격려, 그리고 건강이라는 생각이 들었다.

새로운 것을 익힌다고 학습 효과가 높아질 시기도 아니고, 그렇다고 공부를 하지 않을 수도 없는 이때, 나는 고3 아이들에 대한 한 가지 깨달음을 얻었다. 그것은 구체적인 격려가 아이들에게 큰 힘이 된다는 것이다. 일반적이고 상투적인 격려보다는 고3 아이들이 스스로를 점검하는 이벤트성 프로그램이 효과적이겠다는 생각이 들었다. 구체적인 방법을 찾아서 고3 교실에 들어갔다.

"오늘은 여러분에게 아주 중요한 얘기를 하려고 합니다. 이제 수능도 한 달 남짓 남았는데 많이 힘들죠? 그러나 사실 여러분보다 더 초조하고 불안해하는 학생들이 있습니다. 바로 2학년 후배들입니다. 왜 그런 줄 알죠? 여러분은 고3이 어떤 것인지 알지만, 후배들은 이제 시작하려니까 얼마나 불안하겠어요?

시험이 채 한 달도 남지 않았지만, '시간을 되돌릴 수 있다면, 내가 지금 2학년이라면' 이런 생각을 하는 사람들이 있을 거예요. 그래서 수능이 일 년 정도 남은 후배들에게 여러분이 해주고 싶은 말을 적는 시간을 가지려고 합니다."

아이들은 내 생각을 이해하고 고개를 끄덕이며 자기들끼리 말을 나누었다.

다음은 후배들에게 쓴 3학년 학생들의 글 중 일부다.

1. 벼락치기는 한정된 과목(사회탐구)에만 통한다. 매일 꾸준히 하면 나중에 웃는다.
2. 정신적인 피로는 그때그때 풀어라. 쌓이면 병 된다.
3. 살찌는 것을 두려워 마라. 고3은 돼지다.
4. 자신감을 가져라. 나는 할 수 있다는 생각으로 자신을 세뇌시켜라.
5. 결과를 두려워하지 마라. 두려워해도 성적은 자신이 알고 있는 대로 나온다.

항상 용기를 가지고 매사에 임하길 바란다. 자신의 실력이 지금 드러나지 않을지라도 낙심하지 말고 기다리는 마음을 가져봐.

환경 때문에 좌절하고 있다면 그건 자기 자신이 나약해서야. 환경이 나쁜 영향을 준다고 생각할지 모르지만, 훗날 지금을 생각하면 자신에게 아주 커다란 자극제가 되었음을 깨닫게 될 거야.

모든 것을 환경 탓으로 돌리는 생각 그 자체가 사치야. 그런 여유가 있다면 한 가지라도 더 찾아보고, 경험하고 노력하기를 바란다.

후회하지 않으려면 차근차근 알아가는 게 중요해. 그리고 절대 포기는 하지 마.

힘들고 어렵다고 포기하면 아무것도 할 수 없어. 포기는 절대 금물이야. 자신을 높이 평가해.

마음가짐이 얼마나 큰 효과를 내는지 아직은 모르겠지만, 자신이 어느 쪽으로 갈 것인지를 빨리 정해. 목표를 일찍 정할수록 유리하다는 사실을 알았으면 좋겠다.

너희들의 고3 생활을 기대한다.

스트레스와 수능에 대한 압박감을 조금이라도 해결하려면 자신을 믿고 노력하는 길밖에 없어. 아침밥은 꼭 챙겨 먹어. 수능 본 사람들을 조사했는데 아침밥을 먹은 사람이 평균 20점은 높다고 하더군. 힘들수록 친구들끼리 격려해 가면서 서로에게 힘이 되었으면 좋겠다. 일 년이라는 시간 동안 올릴 수 있는 점수는 무한대다.

무엇보다 건강은 1순위로 챙겨야 한다.

감기, 몸살 등에 걸리지 않도록 건강 관리는 자기가 알아서 해야 해. 그리고 시간 조절을 잘하고, 항상 무언가를 할 때는 계획부터 세우면 훨씬 효과적이야. 항상 긍정적으로 생각하고 밝은 마음으로 고3 생활을 한다면 행복한 일 년을 보낼 수 있을 거야.

1. 컴퓨터와 텔레비전은 고3의 최대 적이다.

2. 문제집 값을 아까워하지 마라. 다 푼 문제집이 쌓이는 만큼 성적도 오르고 갈 수 있는 대학이 많아진다고 생각해라.

3. 모의고사 볼 때, 너무 긴장하지 마라. 긴장하면 문제가 잘 안 보이고, 답을 찾을 수가 없다.

4. 수능 공부는 2학년 겨울방학 때부터 해라. 늦게 시작하면 힘들다.

5. 언어, 외국어 공부는 하루에 한 번씩 하고, 문제를 푼 다음날에는 반드시 복습해라. 한 번 본 지문은 잊어버리는 경우가 많다.

6. 수능 며칠 안 남았다고 해서, 늦게 자지 마라. 컨디션 조절

은 정말 중요하다.

7. 공부만 한다고 친구 관계를 소홀히 하지 마라. 공부는 언제
   든지 할 수 있지만 친구는 한 번 놓치면 다시 찾기 힘들다.

8. 마지막으로 자기 자신을 믿고 하고자 하는 방향으로 전진해라.

후배가 선배에게 보내는 위로

다음은 3학년 선배들의 글을 읽고 2학년 후배들의 답장 중 일
부다.

선배님, 수능이 어떤 것인지 아직은 잘 모르겠습니다. 하지만
무엇보다도 힘들고 지치는 일이라는 것은 알고 있습니다. 저는
이런 힘든 고개를 열심히 넘고 있는 선배님들이 대단하고 자랑
스럽습니다. 선배님들, 힘내시고 앞으로 남은 며칠 동안 컨디
션 조절 잘해서 시험 잘 보세요. 선배님의 글을 읽고 이런 결심
들을 했습니다.

첫째, 하루에 영어 단어 15개 외우기

둘째, 사회탐구 문제 풀기

셋째, 공통수학, 수학1 문제 꾸준히 풀기

관계 : 좋은 관계가 주는 즐거움

넷째, 책 많이 읽기

고3 선배님들께

아직 저에게 닥친 현실이 아니라서 잘은 모르겠어요. 하지만 고3 생활이 조금은 겁이 납니다.

선배님들이 쓰신 글을 읽고 얼마나 힘든지 짐작하게 됐어요. 이제 일주일밖에 남지 않았네요. 제가 뭐라 해도 위로가 되지 않겠지만, 마지막까지 웃음을 잃지 않았으면 좋겠어요. 웃는 자에게 복이 온다고 하잖아요. 그리고 즐거운 것이 좋잖아요. 절망보다는 희망이 좋고요. 저도 선배님들이 알려 주신 대로 실천해 보겠습니다.

힘내세요. 용기를 잃지 마시고요. 지금까지 공부한 만큼 좋은 결과 있기를 기도할게요.

이렇게 최관하 선생님 통해 선배님들의 조언을 받게 되어서 감사해요.

수능 잘 보시고 원하는 결과 얻으세요.

영훈고 3학년 선배님들 파이팅!

컨디션 조절도 잊지 마세요.

전 벌써부터 가슴이 답답해지고 숨이 막히는 것 같아요.

어떻게 일 년을 공부만 하면서 보낼 수 있을지……. 주위에서 주는 압박감도 만만치 않을 것 같아요. 근데 오늘 선배님들이 써주신 글을 보고 충실하게 열심히 하면 좋은 결과 있겠구나 생각했어요. 후회하지 않을 만큼 열심히 공부해서 원하는 대학에 갈 수 있도록 노력할 거예요.

다음 주면 수능 보는 날이네요. 아직은 잘 모르지만 긴장되고 힘든 일이라는 것은 알 수 있어요. 끝까지 긴장 풀지 말고 열심히 공부해서 실력 발휘하시길 바랄게요. 감기나 몸살 조심하고 아침 꼭 챙겨 드세요. 선배님들 파이팅하세요.

꿈은 이루어진다.

수능이 정말 얼마 남지 않았네요.

지금까지 펑펑 놀다가 이제야 공부 계획을 세우고 있습니다.

잘 될는지.

수능이 얼마 남지 않아 많이 부담되실 거라고 생각해요.

부담 갖지 마시고 공부한 만큼 실력 발휘해 주세요.

실수하지 마시고, 시험 잘 보셔서 원하는 대학에 꼭 합격하세요.

남은 시간 열심히 잘 활용하세요.

멋진 대학 생활을 상상해 보세요. 지금의 이 노력이 절대 헛된 것이 아닐 테니까요.

선배님! 파이팅입니다.

고3 아이들은 후배들이 써준 글을 돌려 읽으며 큰 위로를 받았다. 먼저 시험을 보는 선배로서의 자긍심도 느끼는 듯했다. 고3 아이들은 얼마 남지 않은 막바지 시간에 저마다 최선의 노력을 다하고 있다. 선배와 후배의 긴밀한 대화는 교사나 부모가 전해주는 그것과는 다소 성질이 다르다. 선배의 격려와 후배의 위로를 통해 학교가 한층 더 밝아진 느낌이 들었다. 하늘로부터 오는 평강과 격려가 영훈고 3학년 아이들과 수능 시험을 보는 이 땅의 수험생들에게 함께하기를 소망한다.

해마다 입시철이 다가오면 청소년의 자살이 늘어난다. 대학 입학시험은 끝이 아니라 하나의 과정임을 간과한 결과다. 이런 일은 어른들의 책임일 수 있다. 아이들과 바른 관계 형성이 되어 있었다면 이런 일은 발생하지 않았을 것이다. 어른들은 이 사실을 잊지 말고 미래의 비전을 향해 최선을 다하는 우리의 자녀로, 제자로 아이들을 사랑해야 한다. 우리 아이들이 큰 비전과 소망을 품을 수 있도록 애정 어린 관심으로 격려해야 할 것이다.

아이들에게 쓰는 연서(戀書)

　아이들과의 학교생활은 매우 즐겁다. 학교는 편하고 기쁜 곳이어야 한다는 것이 내 교육 철학이다. 아이들과 만나는 시간은 행복 그 자체다. 어떻게 하면 우리 아이들이 즐겁게 공부할지 끊임없이 고민하는 것 또한 큰 즐거움이다. 교사는 아이들에게 힘이 되고 격려가 되어야 한다고 생각한다. 그래서 나는 아이들과 있을 때 항상 웃으려고 한다.

　수능을 며칠 앞두고 아이들에게 격려 엽서를 한 장씩 써주곤 했다. 한 해에 약 200~400명 정도에게 엽서를 써서 전해준 것 같다. 그때는 담임도 아니었고 수업만 들어가는 입장이었다. 금년에는 3학년 담임을 맡아 아이들과 함께 생활하는 것이 일과인지라, 아이들을 격려하는 것은 시간을 두고 나중에 할 일이 아니라는 생각이 들었다.

　중간고사를 앞두고 우리 반을 포함해서 내가 수업하는 학급의 아이들과 보충수업 때 만나는 아이들에게 간절한 소망과 현재의 어려움이나 선생님에게 바라는 것이 있으면 써서 내라고 했다. 아이들이 쓴 글에는 아픔과 눈물, 그리고 희망과 소망이 숨겨져 있었다. 나는 아이들의 글을 읽으며 많은 눈물을 흘렸다.

　다음은 아이들이 쓴 글들 중 일부다.

요즘 집안 분위기가 많이 안 좋은데 다시 행복한 가정이 되었으면 좋겠어요. 우리 반 아이들이 모두 힘들어 하고 피곤해 보이는데 모두들 원하는 대학에 입학하면 좋겠어요. 제가 요즘 몸이 안 좋아서 공부를 잘 못하고 있는데 도와주세요. 모의고사 점수도 팍팍 오를 수 있게 도와주세요. _민지

고3이라 공부에만 전념해야 하는데 늘 생각이 많아서 정신을 못 차리고 지내요. 아버지께서는 어려운 형편에도 못난 딸 가르치겠다는 소망으로 위험한 일도 가리지 않고 하세요. 지방 가신 지 벌써 한 달이 다 되어 가는데, 어제 아버지 전화 받고 많이 울었어요. 어머니도 늘 외로워하세요. 저에 대한 기대 저버리지 않게 노력하는 모습 보여드리고 싶어요. _명미

안 그래도 선생님 찾아뵙고 싶었어요. 요즘 괜히 불안하고 뭔지 모르게 자꾸만 안 좋은 생각이 들어요. 심각한 불안감이 저를 휘어 감고 있어요. 처음 맞는 중간고사라 그런지, 고3이라는 마음 때문인지 불안하고 집중도 안 되고 가슴만 두근거려요. 한 번 찾아뵙고 싶어요. _수미

저는 많은 사람들 중 한 명일 뿐입니다. 그 많은 사람에 묻혀 잊혀지는 존재가 되고 싶지는 않습니다. 누가 알아주길 바라는 것이 아니라 나를 모르더라도 내가 존재했었고, 나름대로 행복을 추구했다는 것을 한 사람이라도 알기를 바랄 뿐입니다.

_아람

자신을 정말 사랑하고 이해하려는 선생님이라는 확신이 들면 아이들은 속마음을 털어 놓는다. 그만큼 아이들은 순수하다. 우리 아이들은 공부 때문에 힘든 것이 아니라 공부를 못하게 하는 상황과 여건 때문에 힘들어 한다.

아이들의 글 속에는 진심 어린 소망이 담겨 있었다. 나는 그것을 가슴으로 읽었다. 위로와 평강이 먼저 우리 아이들에게 넘쳐나기를 소망하며 읽었다. 출석부를 복사해 아이들의 얼굴과 그들이 쓴 글을 옆에 두고 엽서 크기 정도로 색지를 오렸다. 그리고 엽서에 답장을 옮겨 적었다. 특별히 붓펜을 들고 아이들 한 사람 한 사람을 생각하며 쓰기 시작했다.

붓펜으로 쓴 엽서는 그림같이 예뻤다. 내가 쓰고도 스스로 감탄한 것은 이것을 받고 기뻐할 아이들이 떠올랐기 때문이다. 더욱이 가정이 무너진 아이들, 아픈 가족이 있는 아이들, 공부와 학업에 지친 아이들에게 한 장의 엽서는 큰 힘이 되는 격려의 메

시지로 손색이 없다는 생각이 들었다. 엽서를 코팅해서 한 장씩 자르고 다듬었더니 더 예쁜 엽서가 되었다. 그렇게 100장 정도를 만들었다.

그리고 수업 시간에 아이들에게 나누어주었다. 아이들은 서로의 것을 바꾸어 보며 탄성을 질렀고, 복사한 것 아니냐며 호들갑을 떨기도 했다. 일일이 자신들을 위해 손수 만들었다는 사실을 안 아이들은 기뻐 어쩔 줄 몰라 했다. 아이들은 작은 것 하나에서 큰 기쁨을 누리고 있었다.

우리 아이들은 자그마한 것에도 감동할 줄 안다. 또 희망과 용기를 받아들일 줄 아는 현명함이 있다. 어려운 일, 슬픈 일, 걱정되는 일이 있어도 내일을 위해 현실을 끌어안고 나아가는 움직임이 눈물겹다.

다음은 격려 엽서를 받은 한 학생의 글이다.

존경하는 최관하 선생님께

선생님 안녕하세요. 저 소희예요. 선생님 편지 잘 받아보았습니다. 정말 한 사람 한 사람 생각하시며 편지 쓰시는 선생님의 모습, 너무 감동스럽고 존경스럽습니다.

이제 수능이 얼마 남지 않았는데, 선생님 같은 분 때문에 힘이 나고 기쁩니다. 선생님께서 주신 편지 엄마에게 보여드렸더니 선생님께 너무 감사하다고 꼭 답장을 쓰라고 당부하셨어요. 엄마는 선생님의 편지 읽고 눈물을 흘리셨고, 심지어는 침대 옆에 두고 주무시기까지 했습니다. 좀 엉뚱하긴 하지만 선생님께 감사하다는 엄마의 마음이라고 생각해요.

선생님, 작문 시간에 잠만 자서 정말 죄송해요. 졸음 앞에 장사 없다는데 수업 시간만 생각하면 너무 죄송해서 얼굴 들기가 창피합니다. 이해해 주세요.

선생님의 모습에서, 선생님의 눈 속에서 진실함과 저희에 대한 애정이 느껴졌습니다. 저도 정성을 쏟아주시는 선생님을 위해서라도 열심히 공부할게요.

감사를 표현할 방법이 없어서 작은 편지 한 장으로 대신합니다. 마음만은 크니까 받아주세요. 시험이 얼마 남지 않은 이 시점에서 선생님 말씀대로 두려움은 없애고 큰 비전을 품고 살아가겠습니다. 선생님도 건강 챙기시고 소원하시는 것 꼭 이루시길 바랍니다. 선생님 못 잊을 겁니다. 감사합니다.

사랑스런 제자, 소희 올림

인내심을 기르는 방법

1. 주변 사람들에게 자신의 계획과 목표를 알려라.

사람의 말에는 엄청난 힘이 있다. 말은 하고 나면 바로 사라지는 것처럼 보이지만 사실은 다른 형태로 남아 말한 사람을 끊임없이 자극한다. 자신의 꿈과 목표를 친한 친구와 부모님에게 알리면, 자신이 말한 것에 대해 약속을 지키기 위해 좀 더 신경을 쓰고 실천하려고 노력하게 된다.

2. 작은 성과를 남겨라.

오늘 한 일에 대해서 작은 성과라도 남기는 것이 좋다. 그래야 지치지 않는다. 눈으로 직접 확인할 수 있는 성과물을 축적하는 것이 인내심을 기르는 좋은 비결이다. 또한 수고한 자기 자신을 토닥토닥 다독여줄 수 있는 나만의 위로의 시간이 될 수도 있다.

3. 꾸준히 해라.

인내심과 끈기를 기르는 가장 좋은 방법은 꾸준히 하는 것이다. 어렵고 힘든 일도 아주 조금씩 꾸준히 노력하다 보면, 어려운 문제도 풀리고, 어려운 과목도 쉽게 느껴지는 법이다. 하기 싫은 귀찮은 일도 꾸준히 해서 습관으로 만들면 못 이겨낼 것도 없다.

13

가정:

또 하나의 관문

사랑이 주인이며 우정이 언제나 머물고 있는 가정은
그야말로 '즐거운 나의 집'이라 부르기에 적합하다.
왜냐하면 그런 가정이라면 마음의 피로가 풀리는 곳이기 때문이다.

_헨리 반 다이크

현재 담임하는 학급의 여덟 명의 학생이 조부모가 보호자다. 또한 스무 명의 아이들이 한부모 가정의 자녀다. 청소년기의 가정의 변화 및 파괴는 바로 아이들의 삶과 직결된다. 특히 1997년 IMF 금융위기 때 가정이 심하게 붕괴되었을 때, 많은 학생들이 아버지의 가출로 힘들어 하는 것을 보았다.

우리나라의 가정은 좀 특별한 것이 있다. 어려울수록 서로에게 힘이 되고 하나가 되어야 하는데, 도리어 깨어지기 때문이다. 깨어진 가정에서 아이들은 견디며 힘들게 생활하고 있다. 아이들의 고백 역시 그러하다. 자신의 진로를 개척하고 노력하고 싶어도 가정의 불화 때문에 주춤하거나 포기하는 경우를 종종 본다.

어려운 가정 환경

집이 무척 어렵습니다. 사실 저는 대학 진학을 위해 중학교 2학년 때부터 댄스스포츠를 배웠습니다. 발레나 재즈댄스 같은 운동은 정말 돈이 많이 듭니다. 중학생 때는 레슨비 받는 것을 당연하게 여겼어요. 요즘 아버지 어머니가 늦게까지 일하시는 것을 보면 마음이 편치 않아요. 게다가 댄스스포츠를 저만 배우는 것이 아니고 언니까지 배워 경제적 부담이 더 큽니다. 요즘에는 용돈 달라는 소리도 못하겠어요. 오늘도 문제집 사달라는 말도 못하고 그냥 나왔습니다. _고1. 미라

우리 가정은 언제나 화목한 편입니다. 그러나 싸울 일이 생기면 꼭 돈 문제로 싸웁니다. 돈이라는 말이 입에서 나오기 무섭게 분위기가 안 좋아집니다. 돈이 뭔지 정말 밉습니다. 돈 이야기가 나와도 행복할 수 있는 방법은 없을까요? _고2. 미정

소녀 가장, 유정이

금년 초 담임을 맡은 교사들끼리 어려운 학생들을 돕는 등록금 지원에 관한 의견을 나누었다. 나는 유정이가 지원 대상이라는 사실에 내심 놀랐다. 형편이 어려운 내색을 전혀 하지 않았고 오히려 부유하게 사는 아이처럼 보였기 때문이다. 나는 유정이와 이야기를 나누고 싶었다. 며칠 후 학교 기록보존실에서 유정이를 만났다.
"유정아, 지난번 부침개 잘 먹었어. 맛있더라."
유정이는 활짝 웃었다. 이런저런 학교생활과 학업 이야기를

나누다가 본격적인 대화를 시작했다.

"유정아, 선생님이 너에 대해 궁금한 것이 있는데 편하게 말해 줄 수 있겠니?"

유정이는 두 눈을 크게 뜨더니 웃으며 말했다.

"네, 선생님."

"담임 선생님들 회의 때 유정이가 등록금 지원을 받아야 한다는 걸 알았단다. 나는 네가 그 대상이라는 사실이 의아했거든. 너의 가정은 신앙적으로 경제적으로 어렵지 않다고 생각했는데, 집에 무슨 일 있니?"

유정이의 눈에 작은 떨림이 있었다. 그리고 이내 눈물이 고이기 시작했다. 유정이가 마음을 가다듬고 이야기를 시작하기를 기다렸다. 얼마 지나지 않아 유정이는 입을 열었다.

"선생님, 아빠는 지방에 계세요. 건축 일 때문예요. 그리고 엄마는… 엄마는……."

엄마 이야기를 시작하는 유정이의 얼굴은 금세 눈물이 왈칵 쏟아져 버릴 것만 같았다. 나는 또 기다렸다. 마음속으로 기도하며 유정이가 편안한 마음으로 자신의 어려움을 이야기할 때 하나님의 위로가 있기를 기도했다.

"엄마는 우울증이 심하세요. 아빠는 항상 지방에 계셔서 한 달에 한 번 집에 올까 말까 하시고, 그것 때문에 엄마가 우울증에 걸리셨어요. 저와 두 동생이 학교에 가면 엄마는 하루 종일 집에 혼자 계셔야 하잖아요."

유정이 이야기를 들으며 어떤 상황인지 대충 짐작할 수 있었다. 유정이의 변화에 민감하지 못했던 것이 무척 미안했다.

"선생님, 그런데 이 이야기를 아무에게도 할 수가 없었어요. 친구들도 모르거든요."

"그렇구나, 엄마는 어느 정도시니?"

"사실은 엄마가 며칠 전에 제주도에 가셨어요. 바람 쐬고 오신다고요. 아는 사람도 없는데 무작정 짐을 싸시더니 나가셨어요."

부모님의 힘과 격려가 절실히 필요한 고3 때 유정이는 아버지와 어머니 때문에 어려움을 겪고 있었다. 나는 낮은 음성으로 물었다.

"유정아, 그러면 네가 동생들 밥해 주고 그러니?"

유정이는 대답 대신 고개만 끄덕였다. 유정이의 상황은 생각했던 것보다 심각했다. 부모가 있는데도 실질적으로 유정이가 가정을 돌보고 있었다. 그동안 아이들을 잘 안다고 자부했던 내 자신이 부끄러웠고 어떻게든 유정이를 돕고 싶었다.

격려의 힘

우리 아이들은 부모의 영향을 가장 많이 받고 자란다. 가장 가까운 것 같으면서도 먼 것 같은 부모와 자녀의 관계다. 아이들은 힘든 가정의 상황에서 조금씩 성장해 가고 있다. 이 땅의 청소년들에게 어떤 상황에 있든 힘내라고 말하고 싶다.

다음의 설문조사를 참고해 보자.

'현재 나를 가장 격려해 주며 힘이 되어 주는 분은(것은) 누구인가(무엇인가)?'라는 질문에 135명이 어머니, 95명이 아버지을 선택했다. 이어서 친구(94명), 선생님(41명), 선후배(13명), 신앙(16명), 대중매체(8명)가 그 뒤를 이었다. 기타 사항에는 '없다, 나 자신, 친오빠, 가족 모두'라는 의견이 있었다.

세상이 아무리 강박해져도 부모의 사랑은 변치 않을 것이다. 자녀에 대한 사랑이 잘못된 행태로 나타나 문제가 되기도 하지만, 그렇지만 않다면 얼마나 큰 축복인가. 가정에 문제가 있을지라도 의기소침하지 않기를 바란다. 특히 친구의 가정과 비교해서 부모님을 원망하거나 자신의 모습을 한탄하지 않기를 바란다.

미래에 가정을 이루고 좋은 부모가 되려면 가정에 대한 가치

가정 : 또 하나의 관문

관을 잘 정립해야 한다. 현대인의 가장 큰 문제는 가정의 문제라 해도 과언이 아니다. 힘들어도 부모님을 존중하는 자녀들이 되기를 바란다. 가정에 문제가 있을수록 여러분의 사랑은 활력소가 될 것이고 그로 인해 다복한 가정으로 회복될 것이다.

엄마를 사랑하는 열 가지 이유

교육 현장에 많은 변화가 있었다. 교사가 교사를, 학생과 학부모가 교사를 평가하며, 관리자도 평가를 받는다. 이름하여 교원능력평가제다. 교원능력평가제는 우려되는 사항도 있지만, 미비한 부분을 보완 강화하면 더 나은 교육을 위한 발판이 되어줄 것이다.

학기마다 동료 교사 참관 수업 두 번과 학부모 참관 수업 한 번을 하게 되었다. 나는 학부모 참관 수업에 대비했다. 단순히 아이들에게 지식 전달만 잘하는 모습만 보여 주는 것이 아니라, 그 안에서 일어나는 다양한 역동적 감동을 보여 주고 싶었다.

수업은 살아 있어야 한다. 그런데 수업이 살아 있어도 아이들이 생기가 없는 경우도 있다. 아이들이 생기 없는 상태에서는 살아 있는 수업을 진행할 수 없다. 그래서 가르치는 사람에게 지혜가 필요하다. 이 시대는 지식이 없어 문제가 아니라, 지혜가 없어서 문제일 때가 많다.

담임을 맡고 있는 반의 수업을 준비했다. 가르칠 단원은 정지용의 〈유리창〉이다. 〈유리창〉은 화자의 아들이 폐병으로 죽은후, 아버지가 그 아들을 그리워하는 부성애(父性愛)를 표현한 작품이다.

나는 아이들과 함께, 1시간은 시 분석과 내용 파악을 중심으로 수업하였고, 학부모 참관 수업 날은 이 작품의 의미와 우리 삶에 적용을 중심으로 방향을 잡았다.

마침 과제로 내준 '아빠를 사랑하는 스무 가지 이유'를 아이들이 해온 상태라 이것도 활용하기로 했다. 그리고 학부모 참관 수업에는 거의 어머니들이 오시기 때문에 참석하는 분들을 미리 파악해 해당 아이들에게 '엄마를 사랑하는 열 가지 이유'를 써오도록 했다.

참관 수업은 학부모들이 교사를 평가하는 것이다. 그러나 교사의 수업 내용을 이해하는 데는 한계가 있다. 그렇다면 내용과 더불어 유의 깊게 보아야 할 것은 수업의 분위기, 아이들과의 호흡, 그리고 감동이다. 교육적 감동이 없는 수업은 수업이라고 할 수 없기 때문이다.

참석한 어머니들도 함께할 수 있는 감동의 시간을 만들기로 했다. 영상을 보는 중에 네 분의 어머니들께 '아들을 사랑하는 열 가지 이유'를 쓰도록 했다. 어머니들은 뒤에 앉아 열 가지 이유를 열심히 썼다.

엄마를 사랑하는 열 가지 이유

1. 아빠를 간단하게 이기는 엄마를 사랑합니다.

2. 사각 모양 턱을 가진 엄마를 사랑합니다.

3. 우리 엄마라서 엄마를 사랑합니다.

4. 살이 빠지지 않아도 다이어트를 열심히 하는 엄마를 사랑합니다.

5. 다른 사람들에게 나누어 주는 엄마를 사랑합니다.

6. 잘 되라고 매일매일 잔소리 하시는 엄마를 사랑합니다.

7. 공부 못하는 아들을 사랑하는 엄마를 사랑합니다.

8. 힘든 회사 일을 하면서도 집안일을 열심히 하시는 엄마를 사랑합니다.

9. 아플 때마다 늘 옆에서 간호해 주시는 엄마를 사랑합니다.

10. 엄마 옷 한 벌 사실 때, 제 옷 열 벌 사주시는 엄마를 사랑합니다.

울보 선생의 명품 인생

이것을 들은 어머니의 눈은 붉어졌고 그 입가에는 웃음이 활짝 피어 있었다. 다음은 어머니들이 '아들을 사랑하는 열 가지 이유'를 읽을 차례였다. 나중에 알았지만 아이들은 이런 분위기를 '오글거린다'라고 표현한다. 쑥스러운 분위기를 말하는 것이다. 쑥스럽지 않기 위해서라도 이런 기회는 많아져야 할 것이다.

어머니들은 칠판 앞에 서 있는 아들을 바라보며 '아들을 사랑하는 열 가지 이유'를 읽었다.

아들을 사랑하는 열 가지 이유

1. 남편과의 사랑의 열매이기에 아들을 사랑합니다.
2. 엉뚱한 성격을 가진 아들을 사랑합니다.
3. 사랑하는데 이유를 쓸 수 없게 하는 아들을 사랑합니다.
4. 부모 말씀에 순종하는 아들을 사랑합니다.
5. 친구처럼 대화할 수 있는 아들을 사랑합니다.
6. 늘 알아서 공부하는 아들을 사랑합니다.
7. 인사를 잘하는 아들을 사랑합니다.
8. 스스로 알아서 봉사 활동하는 아들을 사랑합니다.
9. 많은 인연 중에 나의 아들이 되어준 아들을 사랑합니다.
10. 밥을 너무나 좋아하는 아들을 사랑합니다.

고등학교 1학년 남학생들이 숙연해졌다. 어머니의 눈물의 고백, 사랑의 고백은 교실 안을 가득 감동으로 채우고 있었다. 서서 듣는 아들도 더 이상 쑥스러워하지 않았다. 그저 엄마와 아들 사이에 사랑이 넘쳐나고 있을 뿐이었다. 나와 아이들은 고백이 주는 감동을 마음껏 누렸다. 네 분의 어머니와 아들 모두 행복한 얼굴을 하고 있었다.

가정 회복의 방법

꿈과 희망을 펼치며 나가고 싶어도 쉽지 않은 것은 여러 이유가 있겠지만, 가장 큰 이유는 가정에 있다. 물질적으로 어렵다든지, 부모님이 안 계신다든지, 불화가 있는 경우에는 더욱 그렇다.

술만 취하면 잔소리하고 같은 얘기를 무한 반복하는 아버지, 폭력과 폭언을 사용하는 아버지 어머니에게 아이들은 고통과 상처를 받는다.

그러나 부모에게는 자녀를 사랑하는 마음이 있다. 아무리 힘들게 하는 부모일지라도 아버지의 자리에는 아버지가 있어야 한다. 어머니 자리에는 어머니가 있어야 한다. 어느 누구도 그 자리를 대신해 줄 수는 없다. 부모님께 이러저런 모양으로 사랑과 존경을 표현해 보기 바란다.

첫째, 부모님께 감사 편지 쓰기.

어버이날이나 생일에 마음이 담긴 편지를 써서 사랑을 표현해 보라. 좋았던 일, 슬펐던 일, 원망스러웠던 일, 그리고 감사한 일을 써서 읽어드리면 더욱 좋고, 이 일이 어색하게 생각되면 편지로 대신해도 좋다. 그러면 서로를 이해할 수 있고, 그동안 쌓였던 오해 같은 것도 풀릴 기회가 될 것이다.

둘째, 부모님을 사랑하고 존경하는 스무 가지 이유를 써서 읽어 드리기.

편지가 어렵다면 '부모님을 사랑하고 존경하는 스무 가지 이유'를 써서 읽어 드리는 것도 좋다. 부모님의 특징을 잡아 '~하는 아빠(엄마)를 사랑합니다'라고 쓰면 된다. 부모님의 결혼기념일에 작은 이벤트를 계획하는 것도 좋겠다.

셋째, 일대일 데이트하기.

아버지나 어머니, 가족 중 한 사람과 일대일 데이트를 해보자. 손을 꼭 잡고 집 근처 공원에 앉아 얘기해도 좋고, 커피 전문점 같은 곳에서 얘기해도 좋을 것이다. 얘기만 해도 그 사람의 마음과 감정을 읽을 수 있다. 가족 모두가 외식을 하거나 여행을 가는 것도 좋지만, 그때는 속 깊은 얘기를 나누기가 어려울 수 있다.

넷째, 가정의 날 정하기.

어른들뿐만 아니라 요즘 아이들도 바쁘다. 가족이 한 자리에 모이기 어렵다고 해서 포기하지 말고 한 달에 한 날을 '가정의 날'로 정하자. 할 수만 있다면 일주일에 한 번 모이는 시간을 가지면 더욱 좋다. 맛있는 식사도 하면서 서로의 생활에 대해 이야기하고 사랑과 이해, 격려를 나누는 따뜻한 시간이 될 것이다.

가정은 '천국의 모형'이라고 한다. 깨어진 천국의 모형으로 살아가는 어쩔 수 없는 가정은 없다. 회복하면 된다. '우리 부모는 안 될 거야, 어쩔 수 없는 분들이야.' 생각하면 제자리걸음일 뿐이다. 움직일 때 변화가 생긴다. 강한 신뢰감을 가질 때 뜻은 이루어진다.

청소년들이여! 움직여라.
여러분이 움직이면 가정이 변한다.
여러분이 움직이면 세상이 변한다.

가족들과 친밀해지는 방법

1. 사랑을 고백하라.

아버지나 어머니, 형이나 누나 또는 동생에게 '당신을 사랑하는 스무 가지 이유'를 써서 그 앞에서 고백하듯 읽어 보라. 사랑은 고백을 동반하고 표현을 동반한다. 표현하지 않는 사랑은 사랑이 아니다. 사랑 고백은 상상할 수 없는 눈물과 감동을 유발한다.

2. 일대일 데이트를 하라.

부모와 자녀 간 대화는 하루 37초, 부부의 대화는 하루 3.5분이라는 통계가 있다. 가끔씩 시간을 정해 일대일 데이트를 해보자. 손을 꼭 잡고 집 근처 공원에 앉아 얘기해도 좋고, 커피 전문점 같은 곳에서 얘기해도 좋을 것이다. 얘기만 해도 그 사람의 마음과 감정을 읽을 수 있다.

3. 하루에 한 끼는 가족들과 식사하라.

세계 유명의 대학의 연구 결과에 의하면 규칙적인 가족 식사는 청소년들의 정서적·신체적 발달과 변화에 큰 영향을 미친다고 한다. 컬럼비아 대학교의 연구 결과에 의하면 학업에서 A-B학점을 받는 학생이 C학점을 받는 학생보다 가족 식사의 빈도가 현전하게 높고, 가족 식사를 하지 않는 또래보다 흡연율은 네 배, 음주율은 두 배 낮다고 한다. 감정 조절이 잘 되어 운동, 예술, 종교 활동 참여도가 높아지고 가족의 행복 지수도 상승할 것이다. 하루의 한 끼는 가족과 식사해 보라.

14

미래:

빛나는 삶

항상 현재에 충실하라. 순간순간 지나가는 시간에는 무한한 가치가 있다.
나는 현재에 나의 모든 것을 걸고 있다.
한 장의 트럼프에 거금을 건 것처럼, 나는 현재를 있는 그대로,
될 수 있으면 값비싼 것으로 만들기 위해 노력하고 있다.
_괴테

청소년은 그 이름만으로도 싱그럽다. 그들이 사랑스럽고 풋풋한 것은 이상과 희망을 향해 나아갈 수 있는 나이이기 때문이다. 그러나 이상과 희망의 미래를 향해 나아가는 청소년의 삶에도 극복해야 할 많은 문제들이 있다.

아무리 고민과 번민이 많다 해도 청소년들에게는 잠재된 힘이 있다. 쓰러져도 넘어져도 다시 일어서는 오뚝이처럼. 다시 일어설 수 있는 힘과 열정이 있다. 밟히고 밟혀 죽을 것 같아도 어떤 동기가 주어지면 다시 살아나는 그래서 청춘이고 젊음일 것이다.

나는 이 땅의 청소년들이 어려움 때문에 싸구려 인생으로 전락하지 않기를 소망한다. 어려움을 겪는 그 이상으로 값진 인생을 살아가는 청소년으로 성장하리라 믿는다. 미래의 비전과 꿈의 성취는 바로 이 땅의 청소년들의 것이라 믿어 의심치 않는다.

세상은 넓고 할 수 있는 일은 많다. 뜨거운 열정과 포부를 가지고 나아갈 때 세상은 내 손 안에 있는 것이다. 움츠리지 마라. 고난과 시련과 역경 속에서 더욱 단단해지고 아름다운 인격체로 성장하게 될 것이다. 청소년에게는 세상을 미래를 품을 수 있는 힘이 있다. 가슴에 큰 미래를 가득 끌어안을 때 세상은 여러분의 것이 될 것이다.

미래 : 빛나는 삶

간디의 사명 선언문

간디는 일찍이 자신의 사명 선언문을 작성하였고 그것을 암송하며 다녔다. 간디처럼 자신의 생활신조를 정하고 실천할 때 이 사회와 역사에 유익한 사람으로 성장할 수 있을 것이다. 행동은 결심에서 시작된다. 생각 없이 이루어지는 일은 아무것도 없다. 여러분도 행동하기 전에 생각하는 습관을 기르기 바란다.

날마다 사명 선언문을 외치며 가슴에 새기고 살아가다 보면 자신이 세상에 맞추어 움직이는 것이 아니라 세상이 자신에게 맞추어지고 있음을 발견하게 될 것이다.

간디의 사명 선언문을 살펴보자.

매일 아침 일어나자마자 다음과 같이 결의할 수 있게 해주소서.

나는 어느 누구도 두려워하지 않을 것이다.
나는 오직 신만을 두려워할 것이다.
나는 누구에게도 악한 마음을 품지 않을 것이다.
나는 누가 뭐래도 불의에 굴복하지 않을 것이다.
나는 진실로 거짓을 정복할 것이다.
그리고 거짓에 항거하기 위해 어떤 고통도 감내할 것이다.

명품 인생을 위하여

고3 문과 남학생 반을 담임하게 되었을 때다. 두 번의 면담을 했고, 자율학습시간을 이용해 자기 소개하는 시간을 가졌다.

"저는 세계적인 마술사가 될 겁니다."

"저는 정치가가 될 겁니다. 고려대가 목표입니다."

"저는 체육 교사가 될 겁니다."

자신의 꿈을 얘기하는 아이들은 신나 있었다. 그 꿈을 듣는 나도 덩달아 신이 났다. 아이들이 말하는 꿈이 이미 실현된 것처럼 여겨졌기 때문이다.

이어서 급훈도 정했다. 나는 좋은 의미를 담고 있는 급훈을 몇 가지 칠판에 적고 아이들을 주시했다. 그 가운데에는 '배워서 남 주자', '한 사람의 열 걸음보다 열 사람의 한 걸음으로', '최고보다는 최선을' 그리고 '명품 인생을 위하여' 등이 있었다.

나는 급훈의 의미를 하나하나 설명해 주었다. 학생들이 의견을 내서 상의한 후 정하고 싶었다. 아이들은 '명품 인생을 위하여'를 선택했다.

'싸구려 인생, 가치 없는 인생을 거부하고 명품으로 살아가자'라는 의미였고, 특히 내가 명품일 때, 나의 모든 것이 명품이 되므로 더욱 열심히 공부해서 이웃을 위한 삶을 살아가야 한다는 내용이었다.

아이들은 급훈에 매우 흡족해 했다. 우리 반 교실 정면에는 '명품 인생을 위하여'라는 급훈이 걸려 있고 게시판에는 'LUXURIOUS LIFE'와 함께 다음의 글이 적혀 있다.

값싼 인생, 싸구려 인생이 아니라 배워서 남 주는 인생, 돈 벌어서 남 주는 인생이 되기를 소망한다. 이 시대의 진정한 삶은 상황이나 여건이 명품이 되는 것이 아니라 내가 명품이 되는 것이다. 그리하여 진정한 명품 인생을 꿈꾸며 나아가는 영훈고 우리 학급이 되기를 소망한다.

'명품 인생을 위하여'라는 목표를 가지고 나아가는 아이들은 명품 인생의 주인공이 될 것이다. 명품 인생의 내용은 다음과 같다.

1. 나는 공부해서 남 주는 인생을 살 것이다.
2. 나는 돈 벌어서 남 주는 인생을 살 것이다.
3. 나는 내 사명을 알고 잘 준비해서 이 시대에 선한 영향력을 미치는 인생을 살 것이다.
4. 나는 삼류 인생, 변두리 인생, 싸구려 인생을 거부하는 명품 인

생의 주인공이 될 것이다.

'나의 사명'은 스티커로 제작되어 우리 학교 학생뿐만 아니라, 다른 학교 학생들과, 외부에서 만나는 청소년들에게까지 퍼져나가고 있다. 이기적인 세상 풍조를 없애고 진정 타인을 위해 살아갈 수 있는 참다운 사회와 문화가 아름답게 형성되어야 한다. 그런 가운데 청소년들이 사명을 깨닫고 건강하게 성장해서 이 시대의 명품 인생을 살기를 소망한다. 이 땅의 청소년들이 명품 인생을 사는 그날까지 나의 노력은 계속될 것이다.

"명품 인생을 산다는 것은 어떤 의미일까"라는 질문에 청소년들은 다음과 같이 대답했다.

고급스럽고 품위 있게 사는 것, 자신도 만족하고 남들이 보기에도 떳떳하게 사는 것, 자신이 생각하는 인생을 사는 것, 당당하게 하고 싶은 것을 하며 사는 것, 행복하게 사는 것, 잘 먹고 잘 쓰는 인생, 훗날에 남에게 손가락질 받지 않는 삶, 남을 돕고 서로 아끼는 것, 다른 사람에게 유익을 주는 인생을 사는 것, 가치 있게 사는 것, 표리부동하지 않는 것, 자신을 위해 의미 있는 삶을 사는 것, 남에게 부끄럽지 않고 목표를 향해 최선을 다하며 사는 것, 뚜렷한 목표와 주관을 가지고 사는 것, 매사에 최선을 다하는 것, 자신의 능력으로 다른 사람과 사회를 더 낫게 하는 것, 자기 일에 자부심을 갖고 살아가는 것.

우리 청소년들은 명품 인생의 의미를 잘 알고 있었다. 그 의미를 알았으니 행동으로 옮기는 것만 남았다. 명품 인생은 행하는 것이다. 모든 사람들이 다 한다고 해서 따라한다든지 정의롭지 않게 행동하는 것이 아니라, 남과는 다르게 타인을 위해 사는 인생이 명품 인생이다. 명품 인생은 명품 인격에서 나오고 명품처럼 행하는 데 그 의미가 있다.

내가 나에게

어느 고등학생의 일기 중 일부다.

모든 것은 잊어버리기 마련이다. 그 속에서 사람들은 기억하려고 노력한다. 삶은 한없이 값진 것이라서 막이 내려질 때면 모두들 아쉬워한다. 아름다운 생활, 즐거운 추억, 짙은 사색, 방황, 무엇이든지 좋다. 얼마 남지 않은 학교생활. 바쁨 속에서도 너의 시간을 찾고 순간순간을 메꿔 나가라.

훗날 지금 이 시간도 한 순간의 추억이 되리니 기뻐하고 아쉬워하는 것은 인간 본질이 아닌가. 그 누구도 자신의 삶에 침투해서는 안 된다. 자신의 주관을 가지고 자신을 키워나가라.

설령 일의 결과가 흡족하지 않을지라도 후회는 하지 마라, 일을 하는 과정에서 보람을 찾아라. 미치고 싶을 때도 있을 것이다. 그렇다면 자신을 돌아보고 자신을 지켜보는 수많은 눈동자를 기억해라. 그리고 메꿔 나가라. 한없는 빈 공간을……

나로부터 세계로

청소년기는 내적 갈등이 많을 때다. 또한 미래로 세계로 도약해 나가기 위한 준비를 하는 때이기도 하다. 자신에게 집중되던 것이 세상으로 확장되어 가는 것이다. 세상은 품는 사람의 것이다. 지금은 한없이 커 보이는 세상도 한 걸음 한 걸음씩 나아가다 보면 어느덧 자신 앞에서 굴복하고 있음을 보게 될 것이다. 세상을 바라볼 때는 한없이 두려운 파도 같지만 그 파도에 몸을 맡기고 주관을 잃지 않으면 어느 순간 파도를 즐기며 타고 있을 것이다.

올보 선생의 명품 인생

2014년 관객 동원 1,700만을 넘어 2,000만 명에 육박하는 이순신 장군을 소재로 한 영화 〈명량〉의 주인공 영화배우 최민식을 알 것이다. 그는 초등학교 때 내 단짝 친구였다. 초등학교 때부터 이소룡을 무척 좋아했고 가방에는 늘 쌍절곤이 들어 있다. 머리 모양도 이소룡처럼 하고 다녔다. 그때부터 예술가의 열정이 배어나고 있었던 것 같다.

　　한 번은 민식이가 결석을 했다. 담임 선생님은 나에게 민식이의 집에 다녀오라고 하였다. 집에 가보니 없었고, 우리가 잘 놀던 동방프라자, 지금의 서경대학교 자리의 공터에 가 보았다. 민식이는 그곳에서 땀을 뻘뻘 흘리면서 무술 연습을 하고 있었다.

　　"민식아, 왜 학교에 안 왔어?"

　　왜 결석했는지 묻는 내 말에 대한 그의 대답을 잊을 수가 없다.

　　"관하야, 나는 나중에 배우가 될 거야. 세계적인 영화배우가 될 거야."

　　중학교에 진학하면서 헤어진 민식이를 다시 만난 것은 대학교 교정에서였다. 나는 국문학과 학생으로, 그는 연극영화과 학생으로 만나게 되었다. 나는 그 친구가 나오는 연극과 영화를 모두 찾아다니며 보는 열성 팬이 되었다. 그리고 세월이 흘러 그는 배우로서 다양한 모습을 훌륭하게 보여 주더니, 영화 〈올드보이〉로 대종상과 청룡영화상에서 남우주연상을 받았고, 2004년 칸

영화제에서 한국 영화 최초로 심사위원 대상을 수상했다.

배우의 꿈을 키워가던 한 초등학생이 세월이 흘러 국제적인 스타가 된 것은 자신의 열정과 무서운 집념, 그리고 노력이 뒤따른 결과다. 세상을 품는 첫 단계는 자기 자신을 사랑하는 것이고 가치를 부여하는 것이다. 그리고 부단히 노력해야 한다. 당연히 시련과 고난은 따를 것이다. 그 시련과 고난은 나를 더욱 굳건하고 흔들리지 않게 하는 힘이 되어 줄 것이다. 그래서 의미가 있다. 나로부터 세계로 나아가는 여러분의 삶이 되기를 진심으로 바란다.

글로벌 시대, 명품 인생

현 시대를 글로벌 시대 혹은 지구촌 시대라고 한다. 온 지구가 한 가족이라는 의미다. 과학과 예술이 결합되고 인터넷이 발달하면서 전 세계인이 하나가 되었다. 2006년 월드컵 때 공 하나로 온 세계가 뜨거웠다. 박지성 선수의 발에, 이영표 선수의 토고 팀 선수 위로에 전 세계가 감동했다. 아드보카트 감독과 히딩크 감독의 용병술에 경탄하기도 했고, 경기 후에 기도하는 태극 전사들의 무릎에 감동하였다.

김연아는 2010년 동계올림픽에서 빛나는 금빛 연기로 세계 신기록을 세우며 '피겨 여왕'에 등극했다. 같은 해 4월 시사주간지 〈타임(TIME)〉이 선정한 '세계에서 가장 영향력 있는 100인'에 올랐으며, '영웅' 분야에서 클린턴 전 미국 대통령에 이어 2위에 랭크되었다.

오늘날은 숨기는 것이 아니라, 숨겨진 것을 드러내는 시대이고 작은 것도 부풀리는 시대다. 작은 나라에서 발생한 사건이 전파를 타고 세상에 알려지는 데는 단 몇 분도 걸리지 않는다.

여러분은 지구촌 시대에 걸맞게 큰 포부를 갖기 바란다. 사소하고 작은 것들은 접어두고 담대함과 큰 생각으로 세상을 포용하기 바란다. 글로벌 시대를 사는 글로벌 인생이 명품 인생이다.

명품 인생은 나를 품는 것이며 나를 단련하는 것이다. 세상을 품는 것이며 세상을 향해 자유와 진리와 정의를 선포하며 나아가는 것이다. 그리고 나 자신이 그렇게 사는 것이다. 그럴 때 세상은 바르게 움직인다. 한 사람이 매우 소중한 이 시대에 그러한 삶을 사는 여러분이 되기를 바란다.

청소년들이여! 싸구려 인생을 살고 싶은가, 명품 인생을 살고 싶은가? 명품으로 살기 원한다면 이 말들을 뼛속에 새기자.

명품 인생을 사는 사람은 자신의 꿈을 위해 노력하고 또 노력한다.

명품 인생을 사는 사람은 꿈을 끝까지 포기하지 않는다.

명품 인생을 사는 사람은 포기를 모른다.

명품 인생을 사는 사람은 뜨거운 열정이 있다.

명품 인생을 사는 사람은 위기 속에서도 새로운 기회를 찾는다.

명품 인생을 사는 사람은 썩은 냄새가 아니라 살아 있는 향기가 난다.

명품 인생을 사는 사람은 살아도 명품이요 죽어도 명품이다.

명품 인생을 사는 사람은 뼛속까지 명품이다.

명품 인생을 사는 사람은 명품 인생을 살고자 하는 사람을 키워 낼 수 있다.

진정한 명품 인생이 되는 방법

1. 공부해서 남 주는 인생을 살아라.

열심히 노력하고 공부해라. 그래서 이웃과 나누는 인생의 주인공이 되어라. 너의 작은 변화는 나비의 날갯짓이 되어 세상을 살만하고 아름다운 곳이 되게 할 것이다.

2. 돈 벌어서 남 주는 인생을 살아라.

열심히 벌고 열심히 세상에 환원하라. 돈은 돌고 돌아야 한다. 금고에 쌓여만 있으면 가치가 없다. 세상에 흘려보내는 축복의 통로가 되어라.

3. 이 시대에 선한 영향력을 미치는 인생을 살아라.

패악한 세상에 선한 영향력을 미쳐라. 힘든 사람들을 위해 기도하라. 달려가 봉사하라. 나중에 할 것이 아니라 지금부터 해라. 현재를 끌어안고 최선을 다하라.

울보 선생의

명품 인생

지은이 | 최관하
펴낸이 | 박상란
1판 1쇄 2018년 10월 15일
1판 2쇄 2019년 5월 1일

펴낸곳 | 피톤치드
경영 · 마케팅 | 박병기

출판등록 | 제 387-2013-000029호
등록번호 | 130-92-85998
주소 | 부천시 원미구 길주로 262 이안더클래식 133호
전화 | 070-7362-3488
팩스 | 0303-3449-0319
이메일 | phytonbook@naver.com

ISBN | 979-11-86692-25-7 (43230)

「이 도서의 국립중앙도서관 출판예정도서목록(CIP)은 서지정보유통지원시스템 홈페이지(http://seoji.nl.go.kr)와
국가자료공동목록시스템(http://www.nl.go.kr/kolisnet)에서 이용하실 수 있습니다.(CIP제어번호: CIP2018029394)」